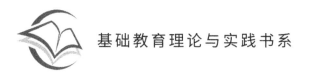

基础教育理论与实践书系

U0599015

连州德文化课程资源的开发与利用

主　　编◎易池德

副主编◎曾海艳　　沈美玉

中国出版集团有限公司

世界图书出版公司

广州·上海·西安·北京

图书在版编目（CIP）数据

连州德文化课程资源的开发与利用/易池德主编.
广州：世界图书出版广东有限公司，2024.10. --ISBN
978-7-5232-1757-3

Ⅰ．G633.202

中国国家版本馆CIP数据核字第20247QF233号

书　　名	连州德文化课程资源的开发与利用	
	LIANZHOU DEWENHUA KECHENG ZIYUAN DE KAIFA YU LIYONG	
主　　编	易池德	
责任编辑	华　进	
装帧设计	王　勇	
出版发行	世界图书出版有限公司　世界图书出版广东有限公司	
地　　址	广州市海珠区新港西路大江冲25号	
邮　　编	510300	
电　　话	（020）34203432	
网　　址	http://www.gdst.com.cn	
邮　　箱	wpc_gdst@163.com	
经　　销	新华书店	
印　　刷	广东虎彩云印刷有限公司	
开　　本	787 mm×1 092 mm　1/16	
印　　张	14.75	
字　　数	270千字	
版　　次	2024年10月第1版　2024年10月第1次印刷	
国际书号	ISBN 978-7-5232-1757-3	
定　　价	58.00元	

前　言

　　"德"是古代衡量一切事物或行为的最终依据，是人们追求的终极价值。中华民族有五千年的文明史，也有着五千年的道德传统。孔子提出的"德治"，就是把"仁爱"之心体现到治国安民的方略之中，只有"明德""厚德""内修""诚心""正意"，对人民"富之""教之"，"道之以德，齐之以礼"，才能"亲（新）民"，才能"载物"，才能"齐家、治国、平天下"。但是，当下社会存在诚信缺失、善恶不分、拜金主义、利己主义等不良现象，污染人们心灵，损耗大众良知，必须及时清除以杜绝后患。初中学生的教育工作，是一项正本清源、培基固元的重要事业，能够在其三观形成的关键期，施以良好的正能量教育，对摒绝社会不良风气的影响，"系好人生第一粒纽扣"，无疑具有重大的现实意义。

　　"国无德不兴，人无德不立。"党的十八大以来，习近平总书记高度重视道德建设，他说为人需要品德，从政需要官德，治国需要每一个人都有内化于心、外现于行的核心价值观。习总书记关于"德"的论述，是对我国传统道德思想的继承和发展。

　　道德与法治课是一门贴近初中学生生活实际，引导他们形成正确的思想观念的课程，承担着培养学生良好的道德品质和道德行为的重任。本书基于连州德文化融入课程的视角，深掘德文化的价值源泉，开发利用立德、励志、爱国、明礼、感恩等优秀德文化课程资源，将其与道德与法治课有机融合，通过有效的课堂教育，使德文化内嵌于学生的精神、现实世界，充分发挥二者共有的德育功能，从而进一步提升课堂的教学效果，最大限度地实现课程教学目标。

　　连州市是一座底蕴深厚的历史人文古城，人杰地灵、名胜众多、名家辈出，有着丰富的德文化课程资源。俗话说："一方水土养一方人。"教育好一方人，就要用好一方土：从唐代诗人刘禹锡在连州励精图治，关心百姓疾苦，兴学重教，开启了连州一代文风，为连州有"科第甲通省"之誉打下了基础的事迹；到大文豪韩愈在连州作《燕喜亭记》自述他做人的思想境界，把人的爱好与道德修养协调一致，追求一种人与自然的和谐境界；再到现代新四军杰出将领、优秀共产党员连州东陂人冯达飞不忘初心，为中华民族站起来而奉献自己的生命；及至被评为2014年"广东十大孝女"的魏彩连带母上学和2018年清远市优秀道德模范欧阳战海的事迹；等等。通过开发这些优秀的德文化资源，学生浸润在德文化的境界之中，在启迪和感悟中自觉践行社会主义核心价值观。

我们根据时代的需要，打造连州德文化特色，通过对相关资源文献的研读分析，梳理了连州德文化课程资源相关理论发展脉络，提出了德文化课程资源的基本概念，论证了道德与法治课中德文化课程资源开发利用的重要价值与可操作性。精准地把握好德文化课程资源的开发和利用现状，是有效推进本课题研究的实证基石。为此，笔者以连州市教师和学生为调查样本，通过对调查统计数据的认真分析，梳理出教师在该课程资源开发和利用中存在的问题，并从教师专业素质养成、教师时间精力分配、初中生对德文化知晓度及学校、家庭、社会多方支持配合等维度，剖析问题产生的原因，使连州德文化资源成为全面育人的辐射源，让学生浸润在德文化的境界之中，唤醒学生对家庭、对家乡的桑梓情怀，从中获得启迪和感悟，增加对家乡德文化的认同感，达到立德树人的目的。在研习《义务教育思想品德课程标准（2022年版）》的基础上，笔者提出该课程资源开发利用的多项原则与策略，冀以为优秀课外课程资源的开发利用提供一定的矩范作用。

编写说明

一、编写意图

1. 新课程改革为连州德文化课程资源的开发利用提供了有利时机

道德与法治课是一门思想性、人文性、实践性都比较强的课程，仅靠教材知识的教授，往往难以取得预期的教学效果。本书利用连州市丰富的德文化资源开发新课程，有助于增强教学效果。一方面，长期以来，由于学校办学条件有限等客观因素的制约，我们对课程资源开发利用的动能不足；另一方面，中学道德与法治课教师主观上开发课程资源的意识淡薄、能力不强，教学中仍主要依靠"本本主义"及以往的教学经验，导致学生上课积极性不高，难以保证课堂教学的有效性。新课程改革明确提出了积极开发利用图书馆、实验室等校内课程资源，博物馆、展览馆等校外课程资源，以促进教师的创造性教学，达到预期的教学效果。我们课题组借助基础教育课程改革之机，深入挖掘德文化的应用价值，将其作为道德与法治课的新课程资源加以开发利用，无疑有助于提高课堂教学质量，展示道德与法治课教学的丰富性、有效性，也有利于初中学生学风的养成与品德的培养。

2. 连州德文化课程资源开发利用是道德与法治课发展的需要

初中学生正处于思想品德和价值观念形成的关键时期。道德与法治课作为初中的必修课，与其他学科相比，更强调情感、态度、价值观目标的实现，是培养学生良好品德和帮助学生树立正确三观的重要途径。新课标强调道德与法治课程以强化初中学生思想品德教育为主要任务。如果教师只单纯依照教材传授单调的道德内容，那么学生也只能对教材知识内容死记硬背，这将无法实现教材内容内化于学生道德品质的教学目的，所以必须借助一些课程资源为教学服务。连州德文化具有丰富的道德教育内涵，和道德与法治课教材内容十分契合。开发利用德文化课程资源，能够丰富课堂教学内容，拓宽学生的视野，改变过去将教材作为唯一课程资源的状况，适应了道德与法治课程发展的需要。

二、指导思想

连州德文化含重品崇德、为人处世、价值追求等德育内容，吸引后人敬仰膜拜，躬身践行。本书通过连州德文化感悟和德文化互动等栏目加深中学生对连州德文化的理解，并结合当前形势，告诉中学生应该怎样做，这对他们的人生观和道德观的形成，将起到潜移默化、春风化雨的作用。我们相信，通过这些优秀人物实例，中学生能更加深刻地理解连州德文化的内涵，在感悟和积累中吸取优秀传统美德的精髓。这将给他们留下永不磨灭的印象，并影响其终生。

把连州德文化作为教学素材，融入课堂教学，不仅能活化教材内容，使教学内容多样化，从而提高道德与法治课对学生的吸引力，增强学生的学习兴趣，日行而不知觉地实现课程的情感、态度、价值观目标，而且还能提高学生对教材知识的理解力和吸收力，达到增强道德与法治课堂教学效果的目的。

连州德文化课程资源的开发利用是一项极其复杂的工作，一方面，需要教师掌握课程资源方面的专业知识，积极改进教学方法、不断提高自身的教学能力；另一方面，需要教师熟稔德文化知识，理解连州德文化的渊源衍变、核心要义、阶段特征，借助德文化案例，结合教材知识讲授，用德文化培育学生，达到立德树人的目的。

三、内容设置

本书共分五个专题，包括立德篇、励志篇、爱国篇、明礼篇、感恩篇，每个专题下设3个或以上反映该主题的语篇或人物故事。所选取的内容都是与连州德文化有关的语篇或故事，让中学生进一步明确传统美德的源远流长和博大精深，规范自己的言行，进而做到博学、慎思、明辨、笃行，达到使学生立德明志的目的。每一小节设置"德文化故事"阅读材料，后附"德文化感悟""德文化互动""教学设计"三个板块。

"德文化故事"材料：图文结合，生动、有趣地呈现精选的连州德文化故事。

【德文化感悟】 对呈现的故事加以点评，让中学生读有所悟。

【德文化互动】 引导中学生思考在实际生活中应该做什么，怎样做。

【教学设计】 引导师生结合教材利用好本节德文化课程资源。

目录
CONTENTS

▶▶ 专题一

立德篇：修其心治其身

一、忧国忧民　晚唐贤相——刘瞻

刘瞻（820—874年），字几之，桂阳（现连州）人。唐大中元年（847年）登进士第，四年后又登博学宏词科。唐咸通元年（860年）开始入朝为官，累迁升为太常博士、中书舍人、户部侍郎。咸通十一年（870年）加授中书侍郎、同中书门下平章事，执宰相之职。

刘瞻铜像

（一）生活清贫　志向远大

刘瞻的祖父刘升早年是连州的商人。唐元和十年至十五年间（815—820年），监察御史、屯田员外郎刘禹锡因支持王叔文改革，失败后被贬来连州为刺史。刘升的儿子刘景拜刘禹锡为师，成为刘禹锡在连州的得意弟子。刘景就是刘瞻的父亲。

不久，刘景进士及第。刘禹锡非常高兴，写了一首《赠刘景擢第》的诗以示祝贺。诗曰："湘中才子是刘郎，望在长沙住桂阳。昨日鸿都新上第，五陵年少让青光。"

刘瞻很小的时候，父亲刘景就去世了，小小的"掌牍案"之职没有为他留下什么家产。清贫的生活磨炼出他坚强的性格和刻苦奋发的意志。功夫不负有心人，刘瞻于大中元年，也一举中进士及第。

刘瞻中进士后，在京城做了个小小的大理评事，清贫得连一日三餐的白粥都难以为继，故经常到他的朋友安国寺的和尚家去"凑合"一两餐。

有一次，刘瞻去安国寺吃饭，把新作的几篇文章遗留在案几上。这天刚好有一个退休的观军容使刘玄翼到寺中闲游，他发现了刘瞻的文章。刘玄翼一读文章不禁拍案称道："好文章！好文章！"寺里的和尚告诉刘玄翼："文章是刘瞻写的，刘瞻家中贫寒，又是偏远的岭南连州人，朝中没有后台，虽然才高志大，却没有出头之日。"刘玄翼听后，大为感叹地说："真是可惜了人才，我虽然退休了，但有机会一定向朝廷推荐他、重用他。"

不久，果然就有圣旨，升刘瞻为河中少尹。临赴任之时，有一个和刘瞻同为评事的同事讽讥他说："今日你下去为府尹，以后回朝廷来做什么官呢？"刘瞻答曰："得路即作宰相！"可见，刘瞻的抱负多么远大。

（二）无畏强权 直谏救无辜

刘瞻在河中为官，勤政爱民，政绩显著。很快他就被当时的宰相刘瑑赏识，被推荐为翰林学士、户部侍郎。唐咸通十一年（870年）五月，刘瞻以本官同平章事，加中书侍郎，兼刑部尚书，集贤殿大学士，登上宰相之位。他果然成了朝廷首辅。

刘瞻做了宰相，照说应该是平步青云，仕途顺利了。可是不到三个月，一件突发事件使刘瞻不但被罢了相位，还被流放到万里之外的蛮荒之地——驩州（现越南一带）。

事情的起因：唐懿宗有个女儿叫同昌公主。同昌公主不但貌美而且非常乖巧，唐懿宗视她为掌上明珠。咸通十一年（870年）八月（也就是刘瞻当宰相不足三个月之时）同昌公主因病不治，死了。唐懿宗突闻爱女的死讯，哀痛不已。他听信驸马韦保衡的话，把女儿的死归咎于给公主治病的御医，下旨将翰林医官韩宗劭等二十几个御医全部斩首。医官们的亲族三百多人也被打入死牢。

唐懿宗的这一暴行，引起了朝廷内外的纷纷议论，举国上下为之震动。刘瞻认为懿宗这种错误的行为，会失去民心，给国家带来灾难。于是，刘瞻以宰相的身份召来谏官，要他们联名上奏，劝谏懿宗，解救那三百多名无辜之人。但御史们对懿宗的脾气早有领教，他们知道在这个时候进谏，无异于飞蛾扑火，所以一个个都噤若寒蝉。刘瞻无奈，只好以首辅的身份亲自向懿宗进谏，请懿宗赦免死牢中三百多名无辜之人。

刘瞻亲自上疏谏阻，他说："修短之期，人之定分……宗劭等诊疗之时，惟求疾愈，备施方案，非不尽心，而祸福难移……而械系老幼三百馀人，物议沸腾。道路嗟叹……伏愿少回圣虑，宽释系者。"（《资治通鉴·唐纪六十八》）

刘瞻犯颜直谏

第二天，刘瞻又联合了京兆尹温璋再次犯颜直谏，措辞更加激烈。这下可惹怒了唐懿宗，他当即降旨：刘瞻贬为荆南节度使，温璋贬为崖州司马，责令二人三日内离京赴任。

温璋是个性情耿直之臣，现无辜被贬南蛮之地，心里非常激愤，叹道："生不逢时，死何足惜！"当天夜里就在家中服毒自尽。刘瞻则忍辱负重，只求懿宗赦免三百多无辜的生命，自己即日离京赴贬所。三百多无辜之人得救了，刘瞻却被罢了相位，远贬荆南。

刘瞻离开长安赴任以后，驸马韦保衡又与另一个权臣路岩串通一气，罗织了各种莫须有的罪名，把刘瞻的门生故旧三十多人，全部贬谪至偏远荒僻的岭南。为了使刘瞻永不翻身，韦保衡又与路岩合谋，硬说是刘瞻与御医同谋，乱投药物害死同昌公主。昏庸的懿宗竟信以为真，又把刘瞻从荆南节度使再贬到更加边远险恶的地方——驩州（今越南一带）为刺史。

（三）再度入相　百戏相迎

刘瞻被远贬到驩州，朝廷以韦保衡、路岩为宰相。韦保衡是同昌公主的驸马，路岩是韦之一党。这两人把持朝政，为同昌公主大办丧事，又唆使懿宗大办佛事，搞得国库空虚，劳民伤财，全国上下乌烟瘴气。

咸通十四年（873年）七月，懿宗死了，他的儿子李儇即位，是为僖宗。僖宗迫于朝廷内外的压力，决定罢免韦保衡和路岩两个奸臣，重新起用刘瞻为宰相。

朝廷上下对僖宗重新起用刘瞻为宰相一片欢欣鼓舞。《资治通鉴》里有一段这样的文字:"……瞻之贬也,人无贤愚,莫不痛惜。及其还也,长安两市人率钱雇百戏迎之。瞻闻,改期,由他道而入。"从《资治通鉴》这段史实记载可以知道,刘瞻为救无辜而自己获罪遭贬之时,朝廷内不管是聪明的还是不聪明的人,无不为之惋惜。刘瞻再度被起用,整个长安城的老百姓都自动凑钱请戏班载歌载舞地欢迎他。像这样的荣耀,这样的受欢迎,在官场中实属罕见。刘瞻却避开这份荣耀,"改期""由他道而入",悄悄地进入京城长安。刘瞻就是这样一位谦、良、恭、俭、让,一心为民的贤相。

刘瞻再度入相,"长安两市人率钱雇百戏"迎刘瞻

(四)魂归故里　流芳千古

刘瞻虽然为官多年,尊为宰相,但是家中仍然清贫如洗。当年刘瞻被罢去宰相时,翰林学士郑畋奉旨起草《罢相制》。郑畋在《罢相制》中说刘瞻:"安数亩之居,仍非己有,却四方之赂,惟畏人知。"一位作为百官之首的宰相,连几亩宅地也不属于己有,刘瞻的清廉足以可见。

刘瞻死后,葬于他故乡连州的巾峰山麓。明朝弘治年间的连州知州曹镐重修了刘瞻墓,并为墓写了碑记,碑记中就有"乾符六年秋八月也,朝廷归其(刘瞻)枢于连州,葬于朝天门外半里许……"的记载。如果这段碑文属实,那么一代贤相刘瞻就真的是葬在巾峰山麓,静静地长眠于家乡的故土,让那一缕忠魂萦绕在故乡的上空。

刘瞻墓的前面还建有一寺，名为翠峰寺。这是连州人为悼念追思这位唐代贤相、家乡骄子的地方。明代广东布政司、工部侍郎、诗人蒋曙来连州视察时，曾为翠峰寺题诗："晚窗杳杳度疏钟，萧寺迢迢指翠峰。仄径迂回苍藓合，重门寂静白云封。水知避石不依竹，鹤不惊人只恋松。十二亭台无觅处，却因此地一从容。"

连州翠峰寺

刘瞻墓在清代又重修了一次，还另建了纪念祠。康熙二十年（1681年）举人、连州学正陈王猷曾有《谒刘丞相祠》云："丞相新祠古郭东，无人迹处有清风。高山尚矗千秋慨，蔓草长荒数亩宫。远谪才归仍謇謇，重来一死太梦梦。今看直道标青史，不独流芳梓里中。"

> **德文化感悟**

1. 刘瞻的故事，特别是他两谏救民三百的事例，表明了他不怕犯上、不怕贬官、刚正不阿、不畏强暴、坚持正义，以及为国为民、舍生忘死、为民请命的崇高境界，他永远留在了人们的心中，光照后人。

2. 我们中学生也要学习他这种精神，在关爱他人的同时，要尽己所能。但有时也要讲究策略，面对复杂情形，要增强安全防范意识和自我保护意识，在保护自己不受伤害的前提下采取果断和理智的行动。

德文化互动

探究活动：结合道德与法治八年级上册第七课第二节《关爱他人》的内容，了解关爱他人不是一朝一夕的事情，需要我们长期付出努力和共同行动。为此，让我们拟订一份关爱宣言，让关爱的春风吹拂每一个人的心田。

从今天起，做一个幸福的人，关爱他人，善待自己。

在社会生活中：

1. 当 _____，

我们要 _____。

2. 当 _____，

我们要 _____。

3. 当 _____，

我们要 _____。

教学设计

基本信息			
学段	初中	展示单元	八年级下册第四单元
单元整体设计			
单元名称	崇尚法治精神		

一、单元教学设计说明

本单元分四个课时，分别教授了自由、平等、公平、正义四个方面的内容。自由、平等、公平、正义是社会主义核心价值观的重要内容，是一种价值取向。前三个单元的内容都体现了这些精神，第四单元做了一个收尾。通过本单元的学习，希望同学们懂得崇尚法治精神，让法治成为我们的生活方式。

本单元是八年级下册这一"法治"专册的逻辑升华，也是法治教育的落脚点。在前面以知识为载体进行渗透教育的基础上，本单元旨在引导学生体悟法治的价值追求，让学生初步形成尊重自由平等、维护公平正义的意识，树立自由平等、公平正义的法治观念，引领学生崇尚法治精神。

法治精神是法治实践的指导思想和精神源泉。法治精神博大精深，内涵丰富，包含了公平、正义、民主、自由、人权、秩序、和谐、安全等诸多价值要素，自由、平等、公平、正义是其中的核心价值要素，正确理解这些核心价值要素，有利于帮助学生形成一种尊崇法治和尊重法律权威的法治意识。

基于此，本单元以"崇尚法治精神"为题，以宪法为视角，重点剖析自由、平等、公平、正义等法治精神的核心价值要素，引导学生正确认识自由、平等、公平、正义的内涵及其价值，理解法治对自由、平等、公平、正义的保障作用，并引导学生在实际生活中努力践行自由平等，力所能及地维护公平正义。

本单元立意高远，从前面单元的知识层面上升到理念层面，基于宪法和法律相关知识的讲解，引领学生领悟知识背后的东西，亦即法治的价值追求、法治的精神，从而真正从内心认同法治，真正树立法治信仰、践行法治精神。

尽管法学理论有其严谨的逻辑，但是本单元在呈现方式上，还是力求表述生动、图文并茂，达到内容科学、逻辑严谨与形式活泼的统一。"正如火车有了轨道的限制，才能顺利地行驶；车辆有了红绿灯的限制，才能安全地通行""有边界才有秩序，守底线才享自由"等鲜活的语言，增强了可读性，以调动学生学习的积极性。风筝"无力回天"的寓言和"分黄金"等生动形象的故事，引导学生理解自由的真谛和公平的内涵。

二、单元目标与重点难点

1. 单元目标

（1）知道自由与平等的内涵并理解如何践行自由与平等，知道公平的含义、内涵、作用，理解正义的内涵和价值。

（2）理解法律面前人人平等，反对特权，在现实生活中敢于抵制不平等不公正的行为，面对不平等不公正的现象能够依法维权。

（3）增强法治意识，树立自由平等观念，培养热爱自由的感情，尊重国家、社会、集体的利益和其他公民的合法权利。

（4）做有正义感的人，以实际行动维护正义。

2. 单元重点

（1）自由平等的含义。

（2）珍视自由、践行平等的做法和要求。

（3）公平正义的意义。

（4）维护公平正义的意义。

3. 单元难点

（1）法治与自由的关系。

（2）理解什么是特权及其表现。

（3）正义是社会制度的重要价值。

（4）制度保障公平，司法维护正义。

续表

三、单元整体教学思路

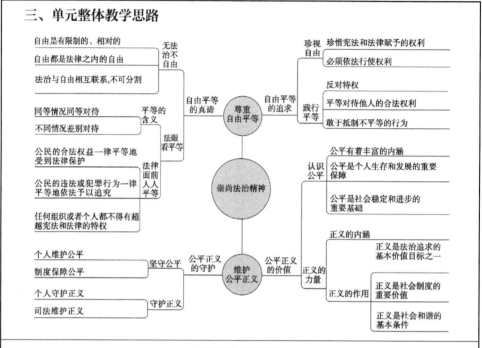

课时教学设计

课题	公平正义的守护

一、教学内容分析

本框共安排两目的内容：

第一目"坚守公平"。"坚守公平"这一目引导学生如何实现公平的坚守。要实现公平的坚守，就需要个人维护公平，以公平之心待人处事，敢于对不公平说"不"，采用合理合法的方式和手段谋求公平；同时需要制度保障公平，无论是立法还是司法，都要公平地对待每个人，切实维护其合法权益。

第二目"守护正义"。"守护正义"这一目引导学生如何实现正义的守护。教材通过"阅读感悟""探究与分享"等活动，引导学生在生活中做一个富有正义感的人，以实际行动建构正义的大厦。要实现正义的守护，就需要个人守护正义，要敢于斗争，要讲究策略；就需要司法维护正义，以法律为准绳，确保司法过程和结果合法、公正。

二、学情分析

八年级的学生正处于人生发展的重要阶段，这一阶段无论在心理还是生理上都是一个急剧变化的关键时期。青春期特殊的心理和生理特点，使学生处在暴风骤雨的情绪变化期，易冲动，缺乏理性。从认知水平上，学生已经学过了平等的相关内容，并且有一定的是非观念。所以，在教学过程中，通过对案例的分析和对公平正义的学习，帮助学生树立公平正义的社会意识，学会正确分析生活中的"不公平"和"不公正"现象。

三、目标确定

政治认同：面对利益冲突，我们要站在公平的立场，学会担当。

道德修养：知道如何坚守公平，如何守护正义。

法治观念：面对非正义行为敢于斗争，能够做到见义"智"为。

四、学习重点难点

重点：掌握坚持公平正义的具体做法和途径。

难点：树立在日常生活中守护公平正义的意识。

五、教学过程

导入：用《巡回检察组》视频作为导入，强调公平正义的重要性，并设问：新时代的青少年如何追求公平正义。

【设计意图】明确追求公平正义的重要性。

（一）珍视自由

【活动一】在一场学校组织的期末考试中，英语考试铃响以后，老师按照规定进行收卷，小明的答题卡还没有填涂完……

设问：小明痛哭流涕祈求老师再给他一分钟……老师该不该给这一分钟？

生：略

师：不应该给，对考试而言，公平是很重要的。作为监考老师应该做到维护规则公平。

启示：（1）面对利益冲突，我们要站在公平立场，学会担当，以公平之心为人处世。

【设计意图】强化认识；面对利益冲突，我们要站在公平立场。

【活动二】

背景：监考老师看小明哭得很可怜，同情他，考试结束后还是给了他将近2分钟的时间……

追问：作为考场考生，你会怎么做？

生：略

续表

师:【总结】及时提出异议,督促监考老师遵循公平原则予以收卷;如若不听,考试结束后向班主任或者年级主任反映情况。

师:【继续追问】在生活中,如果我们遇到类似的事件应该怎么做?

启示:(2)遇到不公平的行为时,我们要坚守原则立场,敢于对不公平说"不",采用合理合法的方式和手段,谋求最大限度的公平,努力营造一个公平的环境。

联系上述材料,说一说我们如何维护公平。

生:略

小结:1. 个人如何维护公平?

(1)面对利益冲突,我们要站在公平的立场,学会担当,以公平之心为人处世。

(2)遇到不公平的行为时,我们要坚守原则立场,敢于对不公平说"不",采用合理合法的方式和手段,谋求最大限度的公平,努力营造一个公平的环境。

【活动三】视频分析

向同学展示高考作弊入刑的视频。

设问:视频体现了国家从哪个方面来保障公平?

生:略

老师:制度保障公平。

设问:在宪法内容中,制度是如何维护公平的?

生:略

老师:(1)在规定权利义务时公平地对待每个人。

(2)在分配社会资源时,公平地对待每个人,保障每个人得到他应得的。

追问:小明被指高考作弊,他父亲恰巧是法院的审判长,他父亲可否审判他?

生:略

师:不可以。法律规定,小明的父亲作为他的直系亲属,应该自行回避。

启示:对司法而言,在解决纠纷、化解矛盾时,要公平地对待当事人,切实维护其合法权益。

小结:2. 制度怎样保障公平?

（1）对立法而言，在规定权利义务、分配社会资源时，要公平地对待每个人，保障每个人得到他应得的。

（2）对司法而言，在解决纠纷、化解矛盾时，要公平地对待当事人，切实维护其合法权益。

【设计意图】通过例子，学生了解坚守公平，除了靠公民还要靠国家制度去保障公平。

（二）守护正义

展示本地特色文化材料：唐代贤相刘瞻——冒死直谏救无辜

刘瞻，字几之，唐代连州人，两度入相，在宰相任上，勤政爱民，政绩显著。然而任相不足三个月，他却因一事被罢了相位，并被流放到了万里之外的蛮荒之地。据五代《中朝故事》记载，咸通十一年（870年），唐懿宗爱女同昌公主因病医治无效而死，唐懿宗迁怒于医官，将翰林医官韩宗劭等二十几个御医全部斩首后，又欲将医官们的亲族共三百多人打入死牢。

刘瞻认为懿宗这种错误的行为，有失民心，便召来朝中众谏官，联名上奏，解救无辜。众谏官慑于唐懿宗之残暴，不敢和应，刘瞻只好亲拟奏疏，曰："修短之期，人之定分……宗劭等诊疗之时，惟求疾愈，备施方案，非不尽心，而祸福难移……而械系老幼三百馀人，物议沸腾。道路嗟叹……伏愿少回圣虑，宽释系者。"唐懿宗看后，大为不悦，不予理会。见唐懿宗无动于衷，刘瞻又联合了京兆尹温璋再次直谏。唐懿宗大怒，贬刘瞻为荆南节度使，贬温璋为崖州司马，责令二人三日内离京赴任。此时，一直妒忌刘瞻才干和威望的奸臣韦保衡、路岩落井下石，无中生有地向唐懿宗谏刘瞻的诸多不是，使刘瞻又被贬为康州刺史，再贬驩州（今属越南）司户。韦、路二人仍不罢休，怂恿唐懿宗杀害刘瞻。朝中张允伸等贤臣敬重刘瞻清廉正直，联名上书论理，刘瞻才免于死罪。三百多无辜被救，刘瞻却在偏远荒芜之地度过近四年。但他刚正不阿、不畏强暴、坚持正义的形象永远留在了人们的心中，光照后人。

设问：请你评析刘瞻冒死直谏救无辜的行为。你有何启示？

生：学生就其进行讨论回答。

师：结合学生回答进行总结。

这是一种追求正义、守护正义的行为。

追问：这给我们个人守护正义带来哪些启示呢？

生：守护正义需要勇气和智慧，面对非正义行为，一方面，要敢于斗争，相信正义必定战胜邪恶；另一方面，要讲究策略，寻找有效的方法，

续表

做到见义"智"为。

【设计意图】通过身边的例子，学生知道遇到非正义的行为，不仅要见义勇为还要见义"智"为。

视频分析：播放"老人超市拿鸡蛋被拦猝死案"视频

小活动：我来当法官。

让学生当法官判定谁需要承担责任。

生：学生进行讨论发表意见。

师：给出最后的判决结果，并结合学生的回答进行总结。

启示：司法机关必须坚持以事实为根据，以法律为准绳，严格遵循诉讼程序，平等对待当事人，确保司法过程和结果合法、公正。

继续追问：除了这个，国家还需要进行哪些努力呢？

播放习总书记在党的十九大报告中的话语让学生思考：深化司法体制综合配套改革，全面落实司法责任制，努力让人民群众在每一个司法案件中感受到公平正义。

生：略

师：【总结】国家推进以司法公正为核心的司法改革，司法机关依法独立公正行使司法权，努力让人民群众在每一个司法案件中感受到公平正义。

【设计意图】通过例子，学生明白守护正义不仅要靠个人，还要靠司法维护。

小结：司法怎样守护正义？

（1）司法机关必须坚持以事实为根据，以法律为准绳，严格遵循诉讼程序，平等对待当事人，确保司法过程和结果合法、公正。

（2）国家推进以司法公正为核心的司法改革。司法机关依法独立公正行使司法权，努力让人民群众在每一个司法案件中感受到公平正义。

六、作业与拓展学习设计

★基础训练★

1. 公平正义是一个美好社会应有的价值。下列行为不能体现公平正义的有（   ）

A. 国家对生活困难的人给予特殊保护

B. 对企业乱排乱放的行为进行处罚

C. 小王通过选拔考试成为国家公务员

D. 违反交通规则后请朋友帮忙摆平

续表

2. 我国民法典规定："因保护他人民事权益使自己受到损害的，由侵权人承担民事责任，受益人可以给予适当补偿。没有侵权人、侵权人逃逸或者无力承担民事责任，受害人请求补偿的，受益人应当给予适当补偿。""因自愿实施紧急救助行为造成受助人损害的，救助人不承担民事责任。"民法典以法律保障见义勇为者的权益，让人们在见义勇为时不再畏首畏尾。这体现了民法典（   ）

A. 引导公民珍视自由

B. 维护社会的公平正义

C. 营造平等的社会风气

D. 杜绝因见义勇为而受到侵害的现象

★能力提升练★

◎**探究与分享**

"努力让人民群众在每一个司法案件中都能感受到公平正义"。公平正义，是人类社会共同的向往和追求，也是实现中国梦的保障。我们在追逐中国梦的道路上，最根本、最有效的办法也是要实现社会的公平正义，公平正义理应成为撑起中国梦的重要基石。有权利公平，梦想才能起飞；有机会公平，奋斗才有动力；有规则公平，社会才能进步。

为了进一步理解公平正义的重要性，某校八年级（2）班决定开展以"维护正义，共筑中国梦"为主题的教育活动，请你参与其中并完成下列任务。

（1）【活动准备】为保证活动的顺利进行，请你为本次活动设计两种活动形式。

（2）【问题思考】为什么要维护社会公平正义？

（3）【自觉践行】请你谈谈如何做一个富有正义感的中学生。

拓展作业

请同学们搜索列举连州当地有哪些公平正义的案例并与同学分享。

续表

七、特色学习资源分析、技术手段应用说明

因材施教，适当整合教材内容。把握教材逻辑和主要脉络，以立足连州本土文化为主线展开学习，挖掘本地区的文化资源，展示本地区的文化特色，创设情境，使历史文化人物再现，引发动机；学生互动，升华课堂，落实素养，育人为本，润物无声；设难置疑，引起思辨；我的收获，梳理知识，复习巩固；道德教育和国情教育相结合，注重情感体验和道德实践。

八、教学反思与改进

本节课内容繁杂，较为抽象，不容易理解，主要学习中华文化根，全方位地了解了中华文化；重点是认识中华文化的重要意义，要结合史实和现实及本土文化来理解，选择一些典型材料让学生感受中华文化的魅力，从而理解中华文化的重要意义。学生课外积累的知识非常有限，这给教学加大了难度，应该鼓励学生加强课外阅读以丰富知识面，多看新闻和社会调查类的电视栏目，开阔眼界，以拓宽思维面。

九、学习评价任务

1. 认真阅读课文大小字的内容和相关图片，明确作为公民应自觉守护公平正义，面对不公平、非正义行为要敢于斗争，初步感知守护公平正义的方法。

2. 认真探究期末考试的情境案例，说出公平从美好的愿望转化为现实，离不开每个人的积极参与和不懈努力，整理个人和制度保障公平的方法。

3. 分析刘瞻无畏强权直谏救无辜的案例，概括守护正义要靠个人的坚守和司法的维护，总结并掌握守护公平正义的方法和途径。做有正义感的人，以实际行动维护正义。

二、勇除奸宦　以保清廉——马象乾

马象乾（1549—？），明朝连州升俊坊人，本姓曾，科考出仕期间改姓为马，于万历五年（1577年）登进士第后，被钦点为翰林院庶吉士，受命典试山西，擢福建巡按御史，旋改南京学政，最后出任河南道都察院佥都御史。他为官时间不长，但清正廉明、刚直不阿、疾恶如仇、见奸务除，以"直节劲气，百折不回"的廉能形象著称于时。

（一）疾恶如仇　两疏参奸

东厂，全称"东缉事厂"，设立于明永乐十八年（1420年），是明成祖朱棣为加强控制、强化皇权所设的特务机构。该机构由皇帝的得宠太监提督，专事"缉访谋逆、妖言、大奸恶"等特务活动。东厂的太监由于有着特殊的背景，不但平民百姓谈之色变，就连高官显贵也惧而避之。

万历年间，东厂头目张鲸倚仗皇帝对他的宠信，肆无忌惮地为非作歹，不但疯狂地搜刮民脂民膏，而且对正直贤能的大臣极尽诬陷打击之能事。在他的淫威下，不少良吏贤官被抄家问罪，家产被其占为己有。众朝臣忍无可忍，终于奋起反击，联名上疏问其罪。但万历帝朱翊钧祖护之，丢卒保车，以几个小太监做替罪羊，而让主凶张鲸逍遥法外。

时任河南道都察院佥都御史的马象乾闻之，大为愤慨，怒气难平，立马疾书奏疏，痛斥张鲸罪行。这就是那篇震动于世的《劾东厂太监张鲸疏》。他在疏中条陈张鲸十恶不赦的罪行后，直抒自己对万历皇帝宽宥张鲸的不解和不满："皇上宥鲸，岂诚谓鲸无罪欤……群狐就缚，而隅虎尚存，走狗已烹，而发纵无恙，臣等诚莫测其故。"并向皇帝陈述"宥鲸"的严重后果："所谓大恶者非洼识之过也。过可宥，罪不可宥，恶而见宥，人皆欤为鲸也。"因为"人主整齐，其下者惟法与令，主持于上者，惟信与公。皇上令行于冯保，在鲸其舍而不行，非所以示天下之信也"。这就明白地告诉皇上，如果宽宥了张鲸，将令朝纲不举，国法遭毁，社稷不固。在奏疏的最后部分，马象乾恳求万历皇帝速问罪张鲸，"臣等待罪西台，义不容默，伏乞皇上法行自近"，"将张鲸正法，上以昭法纪，下以快人心"。

万历皇帝看了马象乾的奏疏，心中虽然不快，但又为其义正词严所感动，不宜压下不理。正在犹豫不决之时，又接到了马象乾的第二道奏疏，即《奏论三相疏》。马象乾的这篇奏疏，写得激烈而巧妙。激烈如"为国法未申，群疑鼎沸，恳乞圣明，极赐裁断"等言辞，凌厉如刀，不容变通。巧妙则有"并深责阁臣共成圣德"之建言，对应负连带责任的内阁大臣也参了一本。它妙就妙在巧送了一个借口给万历皇帝，使他有个台阶可下。这借口的意思是：像张鲸这样罪恶昭著的奸宦之所以能逍遥法外，主要过错在内阁大臣，是他们没有把好关，没有当好皇上的参谋。万历皇帝借此从尴尬的处境中解脱出来，转而严惩张鲸，使这个恶贯满盈的奸宦终于得到应有下场。

当时很多人问马象乾为什么这样做，他说我作为御史，对自己的角色要有责任担当，才能对得起自己的为官之道。马象乾二疏除奸，有勇有谋，朝野为之传颂，天下为之称快，表达了他忠于国事、不畏权奸的铮铮傲骨。

（二）归隐故里　著书谈廉

马象乾参倒了张鲸之后，不久便辞官回家乡连州隐居，恢复了他的本姓称曾象乾。他在家乡十多年闭门谢客，只于家中读史著书。他主持编修了明代的《连州志》，对许多连州的历史人物作了批语，他的这些批语为以后清代、民国重修的《连州志》所沿用，足见曾象乾对历史人物评价之公正和他对连州历史所作出的贡献。如他著作的《中秘课程》一卷，和《必忠》《必信》《必司》三篇传世中，他认为为政之要在于廉洁，廉洁之本在于自律，自律之道在于防患未然，为人做事唯有诚实守信，谦虚谨慎，敏言慎行，清正廉洁，才能修身齐家，垂范后人。

曾象乾在家乡逝世，葬在巾峰山麓廉泉公园内，现仍留有墓碑、神道、石牌坊等遗迹。公园内有宋代理学鼻祖、《爱莲说》作者周敦颐手书真迹"廉泉之源"摩崖石刻和曾象乾牌坊两处省级文物保护单位，其间布局了亭台、泉池、石板小径、花草树木以及人物雕塑、人像浮雕等艺术建筑，使廉洁教育与自然环境融为一体，让后人了解历史、陶冶情操、净化身心，力求达到春风化雨、润物无声的教育效果。

北宋著名理学家周敦颐在连州巾峰山题刻的"廉泉之源"

德文化感悟

1. 马象乾除奸保廉的事迹，告诫我们，在社会生活中，每个人都扮演着自己的角色，承担相应的责任，社会的和谐、民族的振兴、国家的富强，离不开你我他的责任和担当。特别是党员干部要明确自己的责任与角色，廉洁自律的关键在于守住底线，只要能守住做人、处事、用权、交友的底线，就能守住党和人民交给自己的政治责任，守住自己的政治生命线，守住正确的人生价值，要有"位卑未敢忘忧国"的情怀！

2. 无论是塑造美好品格、成就幸福人生，还是构建和谐的人际关系、创造美好社会生活，都离不开责任。对成长中的中学生来说，勇于承担社会责任是价值的追求，更是一种精神境界。

德文化互动

以小组为单位，结合道德与法治八年级上册第六课《责任与角色同在》，以探究"勇担社会责任"为题，组织班级演讲比赛。活动步骤：

1. 各小组共同商讨比赛规则和评价标准。

2. 各小组协商推荐一位参赛选手。

3. 小组成员共同讨论和修改演讲稿，要求主旨鲜明，内容结合个人生活、学校生活实际或本地实际，不要泛泛而谈。

4. 如果条件允许，邀请老师和家长参加比赛活动，并请他们进行点评。

教学设计

基本信息			
学段	初中	展示单元	八年级上册第三单元

单元整体设计	
单元名称	勇担社会责任

一、单元教学设计说明

　　加强对学生责任感的教育是本单元的立足点，也是对学生进行思想道德教育的关键。在初中阶段帮助学生树立责任意识、探究学习知识，学习做负责任的公民，对学生的成长具有基础性的作用。同时，学生只有具备了责任意识，才能激发自己关注自身与集体、社会和国家的关系，立志做一个负责任的公民。

　　本单元以"勇担社会责任"为主题，基于学生可感知的社会生活，重点强调责任意识和奉献精神的培养，使学生懂得因社会角色的差异而产生不同的责任，明确自身应承担的社会责任，理解责任的承担和履行对个人、对社会的意义，培养学生的责任意识。帮助学生理解承担责任可能会获得回报，也可能要付出一定的代价，懂得对自己的行为负责，使学生理性对待承担责任过程中的得与失。引导学生感悟生活中无时无处不在的关爱，理解关爱他人是一种幸福，同时也要讲究一定的艺术。引导学生思考服务和奉献的意义，了解服务和奉献社会的途径，培养学生的服务意识和奉献精神。

　　本单元第六课，包括"我对谁负责，谁对我负责"和"做负责任的人"两个板块内容。第七课，包括"关爱他人"和"服务社会"两个板块内容。

二、单元目标与重点难点

　　1. 单元目标

　　（1）明确承担责任能得到回报，但同时也要付出一定的代价；明确不是自愿选择的责任，也应尽力承担好；了解不计个人得失，无私奉献者的精神。

　　（2）理解关爱他人的意义，知道关爱他人是一门艺术，懂得如何关爱他人。

（3）理解服务社会对我们的重要性，掌握服务和奉献社会的做法。

2. 单元重点

（1）责任的含义、来源。

（2）对自己负责的表现。

（3）有些责任即使不是自愿选择的，也应尽力承担好。

（4）积极奉献社会，知道关爱他人、服务社会的方式和意义。

3. 单元难点

（1）明确每一种角色都意味着承担相应的责任，我们要对自己负责，也要感激有人在为我们承担着责任。

（2）学会做负责任的人，知道承担责任往往伴随着代价与回报，明确该如何承担责任。

（3）如何关爱他人、服务社会。

三、单元整体教学思路

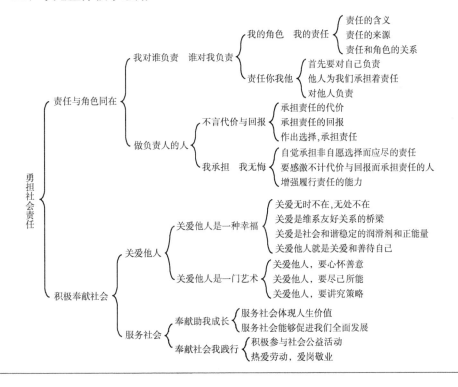

续表

课时教学设计	
课题	做负责任的人

一、教学内容分析

　　本框主要结合学生的生活实际，引导学生在日常生活中信守承诺、勇担过错，自觉承担责任。八年级上册教材的主题是"责任与使命"。教材把培养学生的责任意识作为本课的主体内容，可以为后面讲述服务社会、肩负使命等教学内容打下坚实的基础。

二、学情分析

　　八年级学生的"成人意识""独立意识"较之七年级的孩子更为强烈，他们独立完成事情的能力更强，所应承担的责任更多，但他们更容易受社会不良道德风气的影响，在负责任的时候容易做了"语言的巨人，行动的矮子"。针对学生学习生活中责任意识不强，提高学生对负责任意义的认识，通过学习，学生懂得负责任不是仅仅停留在口头上，而是可以从小事开始逐步培养的。

三、目标确定

　　【必备知识】通过学习，培养学生的责任意识，让学生有足够的勇气为自己的选择承担相应的责任；以积极的态度承担那些不是自愿选择而应该承担的责任；崇敬那些不言代价与回报而无私奉献的人，努力做一个负责任的公民。

　　【核心素养】懂得承担责任会得到回报，但同时也要付出一定的代价；有些责任即使不是自愿选择的，也应尽力承担好；了解不计个人得失，无私奉献者的事迹。

四、学习重点难点

　　重点：懂得如何做一个负责任的公民。

　　难点：自觉承担不是我们自愿选择的责任，增强履行责任的能力。

续表

五、学习活动设计

教学环节	学生活动	教师活动	设计意图
导入	猜历史人物。（马象乾） **初识马象乾** 阅读马象乾的材料： 　马象乾，明朝连州升俊坊人，本姓曾，科考出仕期间改姓为马，于万历五年（1577年）登进士第后，被钦点为翰林院庶吉士，受命典试山西，擢福建巡按御史，旋改南京学政，最后出任河南道都察院佥都御史。他为官时间不长，但清正廉明、刚直不阿、疾恶如仇、见奸务除，以"直节劲气，百折不回"的廉能形象著称于时。 　请你用一个关键词说说你对马象乾的了解。 　你还想了解马象乾的哪些方面？	**展示本地特色文化材料：连州人马象乾的故事** 　出示历史人物相片。 　组织猜测相片人物，适时引导，点拨归纳，导入新课，板书课题。 **板书：做负责任的人**	猜测相片人物引入话题，调动学生学习的积极性。 　关联学生已有的学习经验，给学生提问的机会，引导学生思考问题，学会学习，培养科学精神。
（一）源起篇	**再识马象乾** 　阅读材料马象乾"疾恶如仇　两疏参奸"故事。 　思考问题： 　马象乾两疏参奸的初心是什么？ 　他的付出与回报有哪些？	组织提问，适时引导，及时评价，点拨归纳。 **板书：** **付出** **回报**	通过再识马象乾，了解他两疏参奸的事迹，引导学生认识承担责任，意味着付出和回报，为怎样做负责任的人奠基。
	致敬马象乾 　阅读材料：归隐故里　著书谈廉		通过马象乾的事迹，理解自

续表

（二）致敬篇	小组探究： 　1．马象乾应不应该归隐？请说明理由。 　2．马象乾的行为体现了什么？ 　朗读马象乾的简介，用掌声表达对马象乾的致敬之情。	组织提问，适时引导，及时评价，点拨归纳，书写板书。 **板书：** **评估—自愿选择—担责** **非自愿选择—自觉担责—尽责**	愿选择担责与自觉承担非自愿的责任；培养学生提炼有效信息的能力、思辨能力、科学探究能力和语言表达能力，同时培养家国情怀。
	致敬伟大的平凡者 　感悟：我们连州历史上还有哪些像马象乾一样的人，请列举出来。 　正因为有像他们许许多多履行社会责任不计代价和回报、伟大的平凡者，我们的生活才更加安全，更加温暖，更加充满阳光和希望。	教师点拨：之所以岁月静好，是有人负重前行，愿我们也能成为伟大的平凡者。	由模范人物到平凡人物，引导学生理解伟大出自平凡，平凡产生伟大的辩证关系，及进行价值引导教育。
（三）启航篇	**我的责任担当** 　1．用简洁的语言说说生活中你承担责任的一件小事。 　2．身为学校值日生的你，看到本班有一位同学取餐插队，按照学校规章制度，需要扣除本班评比分。你会如何处理？ 　3．书写我的责任卡、分享展示履行责任的行动。	组织讨论，适时引导，及时评价，点拨归纳，书写板书。 **板书：** **提升自我—提高履责能力—担责尽责** 　教师与学生同步书写"我的责任卡"，利用"希沃白板"拍照上传功能进行展示。 　归纳总结本节课内容。将习近平总书记同各界优秀青年代表座谈时关于"承担责任"的讲话作为赠语作结，以此共勉。	由他人担责到自己的责任担当，引导学生从平凡的小事之中承担责任，教学落到了实处。 　教师的责任担当，书写并展示"我的责任卡"，与学生一起实现教学相长。 　最后以习近平总书记关于"承担责任"的讲话作为赠语作结，进行价值引导。

续表

六、板书设计	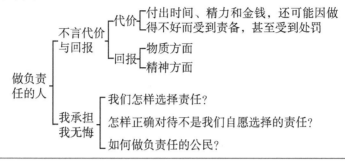

七、作业与拓展学习设计

★**基础训练**★

1. 24岁的中国女孩刘仙，在新冠疫情期间，短短40天的时间里，每天都做400多份盒饭免费为医护人员送餐。因为她当时没有防护服，经常穿着雨衣奔走在路上为医护人员送餐，所以大家亲切地叫她"雨衣妹妹"。刘仙的行为不仅在中国引发了热烈的讨论，也鼓舞着世界各国人民参与抗疫行动。"雨衣妹妹"刘仙（　　）

①自觉承担责任，奉献社会　②付出了时间、精力和金钱

③赢得了他人的尊重和赞许　④是为了获得更多的物质回报

A. ①②③　　　B. ①②④　　　C. ①③④　　　D. ②③④

2. 从2003年抗击"非典"到2020年抗击新冠肺炎，84岁的钟南山冲锋在前，争分夺秒与病魔较量，守护人民的安全，人们对他的感情已深深沉淀到"国士无双"这四个字中。这告诉我们（　　）

①一个对自己负责的人，才能承担起时代和国家所赋予的使命

②一个积极为社会作贡献的人，才能得到人们的尊重和认可，实现自身的价值

③只有参与社会公益活动，才能服务和奉献社会

④服务和奉献社会，需要我们青年担当责任

A. ①②③　　　B. ①②④　　　C. ①③④　　　D. ②③④

3. 黄旭华，共和国勋章获得者，我国第一代攻击型核潜艇和战略导弹核潜艇总设计师。他远离家乡到荒岛求索，深藏功名三十载，在一穷二白中"头拱地、脚朝天，也要把核潜艇搞出来"。甚至在93岁的高龄时，黄旭华仍然会准时出现在办公室，为年轻一代答疑解惑、助威鼓劲……对黄旭华的这种付出，下列认识错误的是（　　）

A. 回报小于代价，这种付出不值得

B. 他实现了自身价值，让生命更有意义

C. 他具有爱国主义情操和强烈的社会责任感

D. 他履行自己的职责，不言代价与回报

续表

★能力提升练★

张桂梅——云南省丽江华坪女子高级中学校长、党支部书记、华坪县儿童福利院院长，先后获全国优秀工作者、全国优秀共产党员称号和五一劳动奖章等荣誉，2020年被授予"时代楷模"称号，2021年获得感动中国2020年度人物荣誉，并被授予全国脱贫攻坚楷模荣誉称号。她坚守滇西贫困地区50年，行善助学，教育扶贫，勇挑重担，爱生如子，笑傲病魔，让2000多名女孩走出贫困大山……

请结合张桂梅的先进事迹，谈一谈你对"责任"的认识。

拓展作业

请同学们结合连州当地历史文化，收集一些有关承担责任的人物事件并与同学分享。

八、特色学习资源分析、技术手段应用说明

因材施教，适当整合教材内容。把握教材逻辑和主要脉络，以立足连州本土文化为主线展开学习，挖掘本地区的文化资源，展示本地区的文化特色，创设情境，使历史文化人物再现，引发动机；设难置疑，引起思辨；我的收获，知识梳理，复习巩固；道德教育和国情教育相结合，注重情感体验和道德实践。

九、教学反思与改进

1. 板块篇章创新

设计"源起—致敬—启航"三个板块，突出"致敬"主题，凸显正面价值引导。

2. 素材使用创新

从初识、再识、致敬马象乾，深挖素材，一材多用、一用到底、一线贯通。

3. 技术运用创新

运用"希沃白板"的放大镜、蒙层、克隆、计时、圈画、拍照上传等功能，有效辅助教学。

4. 教学方式创新

教师和学生同步书写、分享责任卡，在培养学生的责任担当的同时，教师也在诠释着落实立德树人关键课程的责任担当，师生一起实现教学相长。

十、评价任务设计

1. 通过情境，学生明白责任、代价和回报之间的关系，培养学生的责任意识。

2. 通过合作探究，学生能够分清责任的来源，并依据角色的转换而承担不同的责任；能够为自己负责，也能够为他人负责。

3. 通过马象乾的案例，学生知道责任的含义、来源；懂得人因不同的社会身份而负有不同的责任；知道要对自己负责。

三、崇德桂坊　济世名医——陈廷佐

清代光绪年间，连州发生一场大瘟疫，陈廷佐以高明医术治好了许多患病者。旧《连州志》称其"方脉精通，能断生死"。

（一）放弃科举　研读医学

"不为名相，即为名医，名相名医都是济世救人之才。"这或许是中国古代读书人追求的高境界之一。与陈铨、陈铸兄弟旧居"双桂坊"相隔百米的"崇德坊"，记载了弃科举而研医学，以济世救人功绩名留史册的一代名医陈廷佐的故事。

陈廷佐生于清代同治年间，父亲陈沛然是位教书先生。陈廷佐自幼聪明有大志，他跟着父亲在私塾里苦读，希望以后能成为安邦济世之才。

有一天，父亲朋友造访，两位饱经沧桑的老秀才高谈阔论、滔滔不绝，其中"古人不为名相，即为名医，名相名医都是济世救人之才"的话，让陈廷佐感触很深。

陈廷佐想到自小就崇拜的先祖陈铨、陈铸，他们虽然双双同中进士，但最终也只落了个大志难展、老死泉林的结局。从此，陈廷佐幡然醒悟，他放弃了科举转而努力研读医学，到处寻访、请教名医。不久，陈廷佐果然成了精通医术的名医，旧《连州志》中记载他"方脉精通，能断生死"。

（二）医德高尚，留名史册

清代光绪戊戌年（1898年）秋天，连州发生了一场大瘟疫，人们朝不保夕，非常恐慌。陈廷佐以他高明的医术，治好了许多患病者。来冲口投医求药的人络绎不绝，陈廷佐不分昼夜出诊救人。对于医药费用，陈廷佐毫不计较，遇到贫困的病人，他还送医送药。

在这场瘟疫中，陈廷佐以精湛的医术和崇高的医德，赢得了人们的口碑，实现了他济世救人的远大抱负。为纪念他，州府赐名陈廷佐的住处为"崇德坊"。至今崇德门楼正中上方，雍容典雅的"崇德"二字似乎仍能让人隐约读出陈廷佐当年的崇高人品和医德。

陈廷佐济世救人的崇高品质，一直深受村民追崇。他不仅医术精湛，而且医德高尚，为后人学习的楷模。

"不为名相，即为名医，名相名医都是济世救人之才"是中国古代读书人追求的高境界之一。陈廷佐自知难为名相，但却成就了他一代名医的理想，以济世救人的功绩，名留史册。

德文化感悟

1. 读了陈廷佐的故事，我们理解了"不为名相，即为名医，名相名医都是济世救人之才"是中国古代读书人追求的高境界之一！

2. 国家的发展，社会的进步，离不开我们每个人的努力。奉献社会，不是远离现实的高谈阔论，而是平凡生活中的实际行动。陈廷佐以他的实际行动济世救人，名留史册，体现了他的人生价值。

3. 我们中学生要以真诚的态度、积极的行动，服务社会，做一个有益于社会的人。

德文化互动

参加公益活动：结合道德与法治八年级上册第七课《积极奉献社会》的内容，探究如何做到服务社会，奉献社会，成为有益于社会的人。

1. 你参加过哪些类似的公益活动？与同学们分享你的感受。

2. 结合自己参加公益活动的经历，谈谈你的收获。

教学设计

基本信息			
学段	初中	展示单元	八年级上册第三单元
单元整体设计			
单元名称	勇担社会责任		

一、单元教学设计说明

　　本单元以"社会责任"为主题，重点强调责任意识和奉献精神的培养，使学生懂得因社会角色的差异而产生不同的责任，明确自身应承担的社会责任，理解责任的承担和履行对个人、对社会的意义，培养学生的责任意识。帮助学生理解承担责任的结果可能会获得回报，也可能要付出一定的代价，懂得对自己的行为负责，使学生理性对待承担责任过程中的得与失。引导学生感悟生活中无时无处不在的关爱，理解关爱他人是一种幸福，同时也要讲究一定的艺术。引导学生思考服务和奉献的意义，了解服务和奉献社会的途径，培养学生的服务意识和奉献精神。

　　本单元由导语、第六课"责任与角色同在"、第七课"积极奉献社会"组成。第六课、第七课各设两框内容。

二、单元目标与重点难点

　　1. 单元目标

　　本单元在逻辑结构上起着承上启下的作用。在了解社会生活和社会规则的基础上，本单元将进一步引导学生明确社会责任，并积极主动服务和奉献社会。从学生发展的需要和当前学生思想现状出发，基于学生对责任、奉献等的理解和认知状况，对其进行正确价值观的引导，有利于帮助学生更加主动地适应社会，实现个人的全面发展。

　　2. 单元重点

　　（1）责任的含义、来源。

　　（2）对自己负责的表现。

　　（3）有些责任即使不是自愿选择的，也应尽力承担好。

　　（4）积极奉献社会，知道关爱他人、服务社会的方式和意义。

　　3. 单元难点

　　（1）明确每一种角色都意味着承担相应的责任，我们要对自己负责，也要感激有人在为我们承担着责任。

　　（2）学会做负责任的人，知道承担责任往往伴随着代价与回报，明确该如何承担责任。

　　（3）如何关爱他人、服务社会。

续表

三、单元整体教学思路

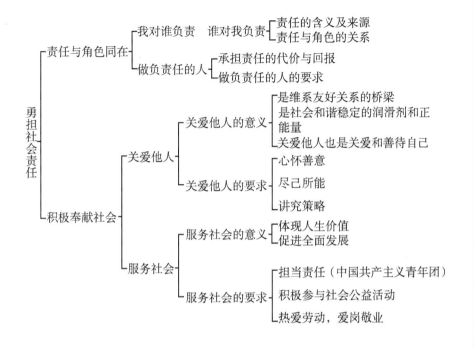

勇担社会责任
- 责任与角色同在
  - 我对谁负责 谁对我负责
    - 责任的含义及来源
    - 责任与角色的关系
  - 做负责任的人
    - 承担责任的代价与回报
    - 做负责任的人的要求
- 积极奉献社会
  - 关爱他人
    - 关爱他人的意义
      - 是维系友好关系的桥梁
      - 是社会和谐稳定的润滑剂和正能量
      - 关爱他人也是关爱和善待自己
    - 关爱他人的要求
      - 心怀善意
      - 尽己所能
      - 讲究策略
  - 服务社会
    - 服务社会的意义
      - 体现人生价值
      - 促进全面发展
    - 服务社会的要求
      - 担当责任（中国共产主义青年团）
      - 积极参与社会公益活动
      - 热爱劳动，爱岗敬业

课时教学设计

课题	服务社会

一、教学内容分析

本课是依据课程标准的"生命安全与健康教育"部分的"遵守基本的社交礼仪，恪守诚信，理性维护社会公德，维护公共秩序，做文明的社会成员"设计的。本课的内容通过分析服务和奉献社会对个人成长的意义，帮助学生树立正确的服务意识，明确服务社会与个人成长的关系，引导学生在实际行动中努力服务和奉献社会。

二、学情分析

初中学生思维敏捷、勇于进取，具备初步的社会责任感和历史使命感。同时，受主客观因素的影响，他们在某些方面也存在以自我为中心、强调自我满足、缺乏奉献精神等问题，还不能正确认识和处理个人、家庭、社会之间的关系。从现实状况来看，有必要对学生加强责任意识和奉献精神的培育，引导学生把个人的成长成才与社会的发展有机结合起来，培养良好的责任意识和奉献精神，使其努力成为一名合格的公民。

续表

三、目标确定
【核心素养】 1. 法治观念目标：增强劳动观念，爱岗敬业。 2. 责任意识目标：在日常生活中养成亲社会行为，积极参与公益活动，用实际行动服务和奉献社会。 3. 道德修养目标：体味奉献的意义，培养奉献精神。 4. 政治认同目标：弘扬感恩他人、奉献社会的美德，自觉践行社会主义核心价值观。 **【知识素养】** 通过理解服务和奉献社会的意义和做法，体会服务社会对个人成长的意义，引导学生树立服务社会、奉献社会的意识，培养服务和奉献社会的精神，激发学生参与公益活动的热情，通过实际行动践行服务和奉献社会。
四、学习重点难点 重点：服务社会的意义；怎样服务和奉献社会。 难点：怎样服务和奉献社会。
五、学习活动设计

环节一：导入新课	
教师活动：展示本地特色文化材料 **材料**：清代光绪戊戌年（1898年）秋天，连州发生了一场大瘟疫，人们朝不保夕，非常恐慌。陈廷佐以他高明的医术，治好了许多患病者。来冲口投医求药的人络绎不绝，陈廷佐不分昼夜出诊救人。对于医药费用，陈廷佐毫不计较，遇到贫困的病人，他还送医送药。 　　在这场瘟疫中，陈廷佐以精湛的医术和崇高的医德，赢得了人们的口碑，实现了他济世救人的远大抱负。为纪念他，州府赐名陈廷佐的住处为"崇德坊"。至今崇德门楼正中上方，雍容典雅的"崇德"二字似乎仍能让人隐约读出陈廷佐当年的崇高人品和医德。	**学生活动**：观看材料，思考并回答问题。

续表

陈廷佐济世救人的崇高品质，一直深受村民追崇。他不仅医术精湛，而且医德高尚，为后人学习的楷模。 　　"不为名相，即为名医，名相名医都是济世救人之才。"这或许是中国古代读书人追求的高境界之一。 　　**说一说**：崇德坊的济世名医陈廷佐服务社会，实现了自身的价值。通过读他的事迹，当代青年可以做出哪些行动展现出青春激昂的风采？	
设计意图：结合崇德坊的济世名医陈廷佐的事例，帮助学生树立正确的世界观、人生观和价值观，认识到奉献社会的价值和意义，充分发挥学科育人功能。	
环节二：运用你的经验	
教师活动：回忆你参加过的社会公益活动。示例：义务植树、当志愿讲解员、当小交警指挥交通、写春联送祝福、看望孤寡老人、当法治宣传员。 　　**说一说**：你参加过哪些类似的活动？进行这样的活动有什么意义呢？与同学分享你的感受。	**学生活动**：通过示例，思考并回答问题。 　　**学生感悟**：服务社会，意义深远。服务社会体现人生价值；服务社会能够促进我们全面发展。
设计意图：调动学生的生活经验，让学生感悟服务和奉献社会离我们并不遥远，且具有重要的人生意义和成长价值。	
环节三：奉献社会我践行	
教师活动：展示材料及视频。 　　**材料**：2022年5月10日上午，庆祝中国共产主义青年团（下简称"共青团"）成立100周年大会在京举行。习近平总书记发言强调，新时代的中国青年，生逢其时、重任在肩，施展才干的舞台无比广阔，实现梦想的前景无比光明。实现中国梦是一场历史接力赛，当代青年要在实现民族复兴的赛道上奋勇争先……用青春的能动力和创造力激荡起民族复兴的澎湃春潮，用青春的智慧和汗水打拼出一个更加美好的中国。	**学生活动**：观看材料及视频，思考并回答问题。 　　**学生感悟**：共青团是党领导的先进青年的群团组织，我们要积极入团。

续表

视频：《中国共青团成立100周年》 **说一说**：你了解共青团吗？你认识共青团的性质和作用吗？	
设计意图：结合庆祝中国共青团成立100周年，感受共青团的革命性和先进性，增强学生入团的强烈愿望和学先进、争先进的决心和信心。	
环节四：了解共青团	
教师活动：出示材料及视频。 **材料**：青年者，人生之王，人生之春，人生之华也。"每年五四前后，这个时间我是留给青年人的"——这是习近平总书记为自己定下的一条原则。新时代中国青年处在中华民族发展的最好时期，中华民族伟大复兴终将在广大青年的接力奋斗中变为现实。在习近平总书记的关心鼓励下，新时代的中国青年豪情满怀，经得起风雨、受得住磨砺、扛得住摔打，成为中华民族生气勃发、高歌猛进的亮丽风景。 **视频**：《习近平寄语青年：不负韶华，不负时代》 **说一说**：国家的发展，社会的进步，离不开我们每个人的努力。作为中学生，我们应该怎样服务和奉献社会？	**学生活动**：结合案例理解基础知识。怎样服务和奉献社会？ ①服务和奉献社会，需要我们青年担当责任。 ②服务和奉献社会，需要我们积极参与社会公益活动。 ③服务和奉献社会，需要我们热爱劳动，爱岗敬业。
设计意图：注重灌输性和启发性相统一。	
环节五：拓展空间	
教师活动：出示材料。 **材料**：随着互联网的快速发展，一种全新的、自下而上的"微公益"慈善模式，正受到公众尤其是网民的追捧。"微公益"作为公民社会责任感新的体现方式，越来越引发大家的关注，越来越多的草根平民加入这支队伍，集点滴之爱捐绵薄之力，在新媒体技术搭建的现代化平台上，汇成温情脉脉的爱心洪流。	**学生活动**：阅读材料，思考并回答问题。

说一说：有人说，必须做到自我牺牲，才是对社会的奉献；也有人说，只有做出轰轰烈烈的大事，才是对社会的奉献。你如何看待这两种观点？ **教师点拨**：为社会和他人作出自我牺牲、做出轰轰烈烈的大事，固然是对社会的奉献，但作为平凡人，在自己平凡的岗位上，依然能奉献社会。立足于本职工作，承担自己的责任，做好自己应做的事，也是服务和奉献社会的具体体现，要做到"勿以恶小而为之，勿以善小而不为"，而不是好高骛远、追求不切实际的伟大壮举。学生的本职工作是学习，通过学习掌握必备知识和技能，可以为以后服务和奉献社会奠定基础。国家发展、社会进步离不开每个人的努力。奉献社会，不是远离现实的高谈阔论，而是平凡生活中的实际行动。	**学生感悟**：服务和奉献社会，可以从点滴小事做起，尽己所能，不能好高骛远。
设计意图：通过拓展延伸，开阔学生视野，提高学生的辩证思维能力，将学科核心素养落到实处。	
环节六：课堂小结	
教师活动：读了陈廷佐的故事，我们理解了"不为名相，即为名医，名相名医都是济世救人之才"是中国古代读书人追求的高境界之一。国家发展、社会进步、民族振兴，离不开我们每个人的努力。奉献社会重在行动，不是空喊口号，而是生活点滴中的身体力行。我们要以真诚的态度、积极的行动，关爱他人，服务社会，做一个有益于社会的人。一个人如果只是为自己而活着，其人生意义是很有限的。只有为国家、为民族、为社会、为集体的利益工作，贡献自己的聪明才智，这样的人生才有意义，才是光荣的人生、闪亮的人生！	

续表

六、板书设计
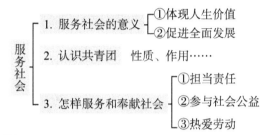

七、作业与拓展学习设计

★基础训练★

1. 一个人的价值应该看他奉献什么，而不应当看他得到什么。下列中学生的行为属于奉献社会的是（　　）

①辍学到发达地区打工

②教社区老人使用电脑

③在公共场所纠正不文明行为

④周末到科技馆做志愿者

A. ①②③　　　　B. ②③④　　　　C. ①②④　　　　D. ①③④

2. 青少年处于走向社会的关键时期，我们应该积极关注社会，服务社会，养成亲社会的行为，服务社会有助于我们的成长。下列理解正确的有（　　）

①服务社会能够促进我们全面发展

②在服务社会的过程中，我们的视野不断拓展

③在服务社会的过程中，我们观察、分析、解决问题的能力不断提升

④在服务社会的过程中，我们的人际交往能力不断提升，道德境界不断提高

A. ①②③④　　　B. ①④　　　　C. ①②③　　　　D. ②③④

★能力提升练★

1. 下表是武汉市某中学设计的十一假期作业清单。完成这样的作业有助于同学们（　　）

作业清单（任选其一）
作业1：参加清洗交通护栏活动
作业2：用镜头记录美丽乡村建设
作业3：参与社区的疫情防控宣传
作业4：参加保护母亲河公益活动

A. 深入生产生活实际，提高个人的学习成绩

B. 了解社会、融入社会，丰富自己的社会生活

C. 参与政治生活，获得社会的接纳和认可

D. 厚植爱国情怀，提高管理国家事务的能力

2. 1922—2022年，中国共青团成立的一百年来，在中国共产党的旗帜下，一代代中国青年把青春奋斗融入党和人民事业中。新时代的共青团员青年在抢险救灾、疫情防控等大事面前不畏艰险，同样展示出了可堪重任的共产主义接班人的时代风貌。可见，中国共青团（　　）

①是中国共产党领导的先进青年的群团组织

②是中国工人阶级的先锋队，是中国人民和中华民族的先锋队

③带领团员青年在我国经济社会发展中发挥生力军和突击队作用

④始终是中国共产党的忠实助手和可靠后备军

A. ①②③　　　B. ②③④　　　C. ①②④　　　D. ①③④

拓展作业

你参加过哪些类似的公益活动？结合自己参加公益活动的经历，谈谈你的收获。

八、特色学习资源分析、技术手段应用说明

因材施教，适当整合教材内容。把握教材逻辑和主要脉络，以立足连州本土文化为主线展开学习，创设情境，引发学习动机；通过"情境教学法""问题探究法"学习，把课堂还给学生的同时，由浅入深，突出重点，突破难点。升华课堂，落实素养，育人为本，润物无声；设难置疑，引起思辨，注重情感体验和道德实践。

续表

九、教学反思与改进
1. 素材使用创新 立足连州本土"德"文化资源，学习"崇德坊的济世名医陈廷佐"的优秀品质。 2. 技术运用创新 运用"希沃白板"的放大镜、蒙层、克隆、计时、圈画、拍照上传等功能，有效辅助教学。 3. 教学方式创新 通过"情境教学法""问题探究法"学习，以最简的教学方式引导学生习得知识，提高课堂效率的同时，也真正把课堂还给学生。

▶▶ 专题二

励志篇：勤奋学习是实现理想的阶梯

连州是千年古邑，历史悠久。在唐代，连州和广州、韶州（今韶关）并列为唐代"岭南三州"。唐代诗豪刘禹锡，曾两度被朝廷授为连州刺史，他重教兴学，不但开启了连州百代文风，为日后连州"科第甲通省"打下了基础，而且对整个岭南文化的发展也产生了深远的影响。因此，在连州催人奋进励志故事的开化和引导下，我们连州学生应瞻仰先贤，以崇德尚学的先贤为榜样，勤奋学习，报效祖国，实现自己梦想，让我们扬起理想的风帆。

一、兴学重教 开启文风——刘禹锡

刘禹锡（772—842年），字梦得，河南洛阳人，中唐著名的哲学家、文学家，尤以诗歌著称于世，被誉为"诗豪"。元和十年（816年），刘禹锡来到连州，在此当刺史近五年。刘禹锡在连州，勤政爱民，重教兴学，栽培州人，开启连州百代文风，为连州成为"科第甲通省"的文化大州打下

刘禹锡铜像

基础。他的"功利存乎人民"的为政思想，已成为后世为政者之楷模。刘禹锡在连州，不但推动了粤北的社会发展，对整个岭南的社会，特别是文化的发展也产生了深远的影响。

（一）重文兴教 启民心智

刘禹锡懂得，要振兴连州，必须开展文化教育，启蒙州民心智。他亲自登台

讲学，教化州人，栽培人才，带动连州文化进入兴盛时期，开创了连州重文兴教的传统。由于刘禹锡的名气和连州文气大振，当时荆、楚、吴、越一带的儒生也趋之若鹜，赴连州求学。当时湘南的儒生周鲁儒、吴越儒生曹璩都是刘禹锡的得意门生。在刘禹锡的精心培育下，元和十二年（817年），连州出了第一个进士刘景。之后，刘景之子刘瞻又高中进士，后任至唐朝宰相，成为有史以来岭南籍第一个官至宰相之人。

（二）诗篇甚丰　连州之美

作为连州刺史，刘禹锡十分关心群众尤其是少数民族同胞的饥寒饱暖。这在他所写的《插田歌》《采菱行》《连州腊日观莫徭猎西山》《蛮子歌》等诗歌中可以看出。他虽被贬连州，但他的注意力仍集中在国家命运和人民疾苦上。当蔡州、镇州、淄青割据平定，他驰表祝贺，并以巨大激情创作了《平蔡州三首》《平齐行二首》。

"剡中若问连州事，惟有青山画不如。"这是刘禹锡对"天下山水，非无美好"的连州发出的由衷赞叹，也是古城连州最美的城市名片。

连州中学燕喜山的一个石崖上，有一个吏隐亭，亭高4米有余，占地约30平方米。此吏隐亭原系刘禹锡建于连州海阳湖畔的一座别具一格的观景亭，为此他创作了一篇散文《吏隐亭述》。散文中说，此亭"前有四树，隔水相鲜""架险通蹊，有梁如霓""石坚不老，水流不腐。不知何人，为今为古。坚焉终洇，流焉终竭。不知何时，再融再结。"寓言般的优美词句，闪耀着哲理的光芒。

（三）功利于民　科第通省

刘禹锡在连州近五年，政绩斐然，著作甚丰，连州人对其充满感激和仰慕。他在连州期间共撰写了散文25篇，诗歌73篇，这些都是他留给连州人民宝贵的文化遗产，积连州之古韵。

刘禹锡重新修缮海阳湖，建亭立榭，使海阳湖成为连州最大的风景区和岭南园林艺术的典范，吸引了广州、韶州的行政官员和文人骚客到连州游览。如广州刺史、岭南节度使马总多次来连州，刘禹锡偕同泛舟海阳湖，共商两地经济发展大计。刘禹锡还把中原的农耕技术带来了连州（进而在岭南推广），教州民用先进的方法汲水灌溉农田，垦复梯田，发展农业生产，改善连州人民的生活。

刘禹锡积极加强与周边粤湘桂州县的联系，使连州的地位得到了空前的提升，对连州的政治、经济、文化发展产生了深远的影响，让我们感悟到刘禹锡

"功利存乎人民"的炙热情怀。

此后数百年，连州名人辈出，文化教育之辉煌一时凸显于岭南文化之中，为连州在广东科举场上赢得"科第甲通省"之美誉！

德文化感悟

1. 文化是一个国家、一个民族的灵魂，中华文化积淀着中华民族最深层的精神追求，代表着中华民族独特的精神标识，为中华民族的伟大复兴提供精神动力。我们领略本土优秀文化，增强了学生对本土名人的了解，对祖国文化的热爱，对先贤圣哲的崇敬。

2. 刘禹锡开创了连州重文兴教的传统，我们要学习他忧国忧民、道济天下的爱国情怀。我们青少年要把他的理念、智慧以及自强不息的精神发扬光大，在潜移默化中延续连州文化血脉，积极做中华优秀文化的忠实继承者和弘扬者，不断为铸就中华文化新辉煌而努力。

3. 品读刘禹锡的故事，谈谈刘禹锡身上有哪些优秀品质值得我们学习。

德文化互动

研学活动：读万卷书，行万里路。组织一次"文化之旅"活动，向同学们征集活动方案，根据连州文化设计一条路线，让同学们沿途学习和感受连州优秀传统文化、连州红色文化和社会主义先进文化。

1. 请你说明设计思路，并向同学们介绍你设计的方案所蕴含的精神内涵和时代价值。

2. 想一想，这三种文化之间存在什么样的精神联系？

教学设计

基本信息			
学段	初中	展示单元	九年级上册第三单元
单元整体设计			
单元名称	文明与家园		

一、单元教学设计说明

　　本单元以"建设文明中国"为主题，对学生进行社会主义核心价值观教育，指出文明是社会进步、国家发展的目标，守望精神家园、共筑生命家园是实现国家富强、人民幸福的必由之路。

　　第五课引导学生有意识地了解中华文化的特点及其内在的创造力和包容力，感悟中华传统美德蕴含着丰富的道德资源，是建设富强民主文明和谐美丽的社会主义现代化强国的精神力量，从而使学生自觉重视中华文化的价值，重视对社会主义核心价值观的培育和践行，形成对民族文化的认同，增强对中国特色社会主义文化的价值认同与自信。

二、单元目标与重点难点

1. 单元目标

　　（1）能力目标：通过学习，能够描述中华文化和中华传统美德的特点及力量；列举中华文化的内容；训练观察、思考、分析、综合的能力。

　　（2）情感态度：感受中华文化的力量，增强对中华文化的认同感和归属感；培养热爱中华文化和中华传统美德的情感；增强对民族文化的自尊心、自信心和自豪感。

2. 单元重点

　　（1）增强文化自信的原因及做法。

　　（2）传承和弘扬民族精神。

　　（3）发展中的人口、资源、环境问题。

　　（4）人与自然和谐共生的理念。

3. 单元难点

　　（1）以实际行动弘扬中华优秀传统文化。

　　（2）构筑中国价值——社会主义核心价值观。

　　（3）人口与资源环境、经济发展之间的关系及影响。

续表

三、单元整体教学思路
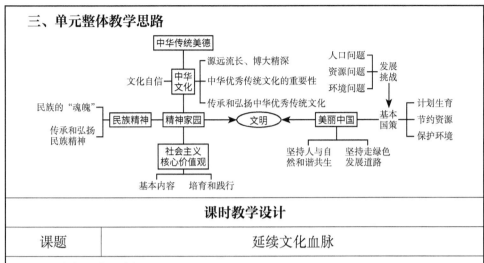

课时教学设计	
课题	延续文化血脉

一、教学内容分析

　　"延续文化血脉"，主要阐述了中华优秀传统文化是中华民族的根，中华传统美德是中华文化的精髓。本框第一目侧重从中华文化的丰富与发展角度，讲述中华民族在五千多年文明发展中孕育、创造的源远流长、博大精深的中华文化，重点落在"中国特色社会主义文化积淀着中华民族最深层的精神追求，代表着中华民族独特的精神标识，为中华民族的伟大复兴提供精神动力"，我们要坚定文化自信，引导学生在日常生活中践行社会主义核心价值观。中华优秀传统文化具有传承性与时代性，民族精神是中华优秀文化的沉淀与凝结，学生要知道中华民族精神的内涵，理解时代精神与民族精神的关系。社会主义核心价值观是中国精神在当代的集中体现，培育和践行社会主义核心价值观是引领整合多样化社会思潮的现实需要，也是培养青少年形成思想共识的必要之举。

二、学情分析

　　文化自信，是更基础、更广泛、更深厚的自信。当今世界，各种思想文化相互激荡，我们要坚定文化自信，需要从中华优秀传统文化中发掘资源，构筑共同的精神家园。"人生的扣子从一开始就要扣好。"初中学生正处于世界观、人生观、价值观形成的关键时期，使学生打牢中华文化底色，传承中华美德、弘扬民族精神、自觉培育和践行社会主义核心价值观，对学生的健康成长具有重要意义。随着年龄的增长以及学科知识的积累，九年级学生对中华文化有了一定的认知。但是，随着经济全球化与信息技术的发展，历史的和现实的、本土的和外来的、先进的和腐朽的等各种各样的文化相互激荡。在这一大环境下，九年级的学生受其心理发展水平、认知能力及辨别是非能力的限制，在一定程度上会

续表

淡漠对中华优秀传统文化价值的认识，从而忽视对中华优秀传统文化的继承与发展。

三、目标确定

文化素养（知识素养）：

1. 知道中华文化的产生、内容和意义；知道弘扬中华传统美德的重要性。

2. 知道如何弘扬中华文化和中华传统美德。

能力素养（业务素养）：

1. **能力目标：** 通过学习，能够描述中华文化和中华传统美德的特点及力量；列举中华文化的内容；训练观察、思考、分析、综合的能力。

2. **情感态度：** 感受中华文化的力量，增强对中华文化的认同感和归属感；培养热爱中华文化和中华传统美德的情感；增强对民族文化的自尊心、自信心和自豪感。

四、学习重点难点

重点：中华优秀传统文化的作用；中华传统美德的重要性。

难点：正确看待文化自信；传承中华传统美德。

五、学习活动设计

环节一：时政播报

教师活动： 引入党的二十大中习近平总书记关于"推进文化自信自强，铸就社会主义文化新辉煌"的讲话。	**学生活动：** 学生上台播报这则时政要闻，指出这则时政要闻与本节课内容有关，并提醒同学们应关注的内容。

设计意图： 培养关注新闻的习惯，聚焦时政热点激发学生兴趣，落实核心素养，厚植家国情怀，充分发挥学科育人功能。

环节二："中华文化知识"大比拼

教师活动： 选出四名代表参加"中华文化知识"大比拼，大屏幕计时一分钟，要求不能重复。引入对中华文化知识的产生、构成和特点的学习与思考。	**学生活动：** 学生按照规则比赛，并思考和学习中华文化的产生、构成和特点。

设计意图： 学生通过"中华文化知识"大比拼激发学习中华文化知识的热情，并充分了解中华文化有关知识。

续表

环节三：展示本地特色文化材料——跨越时空的相遇	
教师活动： **思考：**假如刘禹锡今天来到连州北山中学，你们如何向他汇报连州传统文化的传承发展？ 引入对中华文化薪火相传、历久弥新特点的学习。	**学生活动：** 学生角色扮演创设情境： 生1：扮演刘禹锡，感叹连州文化的传承与发展。 生2：向刘禹锡介绍连州文化的传承与发展（播放视频）。
设计意图：在创设情境中开展学习活动，激发学生的学习兴趣、活跃课堂气氛，引导学生感受中华文化的强大生命力。	
环节四：刘禹锡和黄腾巍开启连州"文化之旅"	
教师活动：跟随刘禹锡和黄腾巍开启连州"文化之旅"。 **思考：**他们这次文化之旅领略到哪几种文化？ 引入中国特色社会主义文化的构成及其关系；以及学习为什么要传承中华文化。	**学生活动：** 1. 学生阅读材料思考并回答他们这次文化之旅领略到哪几种文化。 学生回答：中华优秀传统文化、革命文化和社会主义先进文化三种文化一脉相承（血脉相同），共同构成了中国特色社会主义文化，植根于中国特色社会主义伟大实践。 2. 阅读课本第61页，思考并回答为什么要传承中华文化。
设计意图：旨在让学生认识三种文化，坚定文化自信更加充分的理由和底气。认识中国特色社会主义文化的丰富内涵，引导学生感受中华文化理念的智慧、气度和神韵。	
环节五：优秀文化我传承（才艺展示）	
教师活动：中华优秀传统文化是中华民族的"根"。作为中学生，我们要做中华文化的传承人！那同学们打算用什么方式传承中华优秀传统文化？下面请同学们展示自己的才艺。北山中学又是以什么方式传承中华优秀传统文化？剪纸画有什么眼熟的地方？ 引入文化自信板块学习。 **学习、思考：**学习课本第61页内容，找出问题，请代表交流学习成果。	**学生活动：**学生才艺展示。 学生回答：北山中学剪纸艺术融入连州本土文化，推动中华优秀传统文化创造性转化和创新性发展，我们要坚定文化自信。 **学生代表上台展示学习成果：**文化自信的内涵、文化自信的重要性。

续表

设计意图：引导学生感悟中华文化之美，增添学生内心深处的自信与自豪，理解文化自信的内涵和重要性，做中华优秀传统文化的传承人。	
环节六：引用习近平在2014年文艺工作座谈会讲话的节选内容	
教师活动：组织学生朗读习近平的讲话内容，并结合前面讲的内容，思考新时代应怎样坚定文化自信和发展中国特色社会主义文化。	**学生活动**：学生阅读课本第62页，思考新时代怎样坚定文化自信和发展中国特色社会主义文化。学生代表回答并朗读这部分内容。
设计意图：引导学生进一步思考和探究新时代如何坚定文化自信和发展中国特色社会主义文化。	
环节七：答疑	
教师活动：本节课同学们还有没有什么疑问？ 回答疑问1：中华文化具有应对挑战、与时俱进的创造力和海纳百川、有容乃大的包容力。 回答疑问2：文化的积极成果就是文明。 回答疑问3：精神家园指中华优秀传统文化。	**学生活动**： 生1：为什么中华优秀传统文化薪火相传、历久弥新？ 生2：文化和文明有什么区别？ 生3：精神家园指什么？
设计意图：引导学生发现问题、提出问题和解决问题，巩固和加深对所学知识的理解。	
环节八：我的收获	
教师活动：本节课同学们学到了什么？请大家谈谈自己的收获。你们明白了什么道理？	**学生活动**： 学生谈收获并朗读"中华优秀传统文化博大精深、源远流长"。中华优秀传统文化是中华民族的"根"，我们必须延续文化血脉，传承和弘扬中华优秀传统文化，坚定文化自信，守望中华民族共有的精神家园。
设计意图：培养学生梳理知识的能力，巩固所学知识，同时也使教师获得教学反馈信息，便于教师及时反思教学，改进教学方法。	

续表

环节九：分声部朗诵《中华世纪坛：序》（节选）	
教师活动：请同学们朗读《中华世纪坛：序》。	**学生活动：** 学生起立，分声部朗诵： （男声）大风泱泱，（女声）大潮滂滂。（男声）洪水图腾蛟龙，（女声）烈火涅槃凤凰。（合读）文明圣火，千古未绝者，惟我无双；和天地并存，与日月同光。 （男声领合）中华文化，源远流长； （女声领合）博大精深，卓越辉煌…… （合读）圣贤典籍，浩如烟海；四大发明，寰球共享。缅怀漫漫岁月，凝聚缕缕遐想。 （合读）春风又绿神州，华夏再沐朝阳。 （男声）前有古人，星光灿烂；（女声）后有来者，群英堂堂。（合读）中华民族伟大复兴……世纪交汇，万众景仰；共襄盛举，建坛流芳；昭示后代，永世莫忘。

设计意图：通过朗诵《中华世纪坛：序》（节选）巩固本节课知识，升华课堂教学效果，落实核心素养。

六、板书设计

延续文化血脉

中华文化根
- 1.文化的产生、内容、特点
- 2.为什么要传承中华优秀传统文化？
- 3.文化自信的内涵、重要性
- 4.怎样坚定文化自信，发展中国特色社会主义文化？
- 5.为什么文化薪火相传、历久弥新？

续表

七、作业与拓展学习设计

★ 基础训练 ★

1. 习近平总书记在文艺座谈会上指出，传承中华文化，绝不是简单复古，也不是盲目排外，而是古为今用、洋为中用……实现中华文化的创造性转化和创新性发展。要对博大精深的中华文化有深刻的理解，更要有高度的文化自信。下列对坚持文化自信理解正确的有（　　　）

①是对自身文化价值的肯定、认同和自豪
②要传承和弘扬中华优秀传统文化
③有利于应对外来文化的冲击与侵蚀
④要学会借鉴其他民族的所有文化

A. ①②④ 　　　　　　　　　　　　B. ①②③
C. ①③④ 　　　　　　　　　　　　D. ②③④

2. 2022年北京冬奥会会徽"冬梦"的标识以中国书法——"冬"字为主体，将抽象的滑道、冰雪运动形态与书法巧妙结合，人书一体，天人合一；"冬"字下方两点顺势融为2022。标识既展现了冬季运动的活力与激情，更传递出中华文化的独特魅力。"冬梦"的设计理念让我们看到了（　　　）

①中华文化源远流长、博大精深
②中华文化的气度、智慧和神韵
③中华文化的创造力和包容力
④中华文化是最优秀的文化

A. ①②③ 　　　　　　　　　　　　B. ①②④
C. ①③④ 　　　　　　　　　　　　D. ①②③④

★ 能力提升练 ★

1. "我们中国的汉字，落笔成画留下五千年的历史，让世界都认识……茕茕孑立，沆瀣一气，踽踽独行，醍醐灌顶"。这首网络平台上大火的《生僻字歌》将汉字文化融入歌曲创作，广受欢迎。这种风格的创作，你认同的是（　　　）

①有利于增强文化自信，弘扬源远流长的中华文化
②中国特色社会主义文化源于中华汉字文化
③文化创新就是将各种文化元素整合在一起
④要创新传播优秀传统文化的形式

A. ①④ 　　　　　　　　　　　　　B. ②③
C. ①③ 　　　　　　　　　　　　　D. ②④

续表

2. 文化兴则国运兴，文化强则民族强。实现中华民族的伟大复兴，必须有文化的繁荣兴盛强力支撑。这是因为（　　　）

A. 文化是一个国家、一个民族的灵魂

B. 文化对经济和政治具有决定作用

C. 中华文化是最优秀的文化

D. 国际竞争的实质是民族文化的竞争

拓展作业

请同学们结合连州当地文化特色创作一个反映中华文化的小作品，如快板、三字经、诗歌或歌曲等。

八、本地特色文化学习资源分析、技术手段应用说明

因材施教，适当整合教材内容。把握教材逻辑和主要脉络，以立足连州本土文化为主线展开学习，挖掘本地区的文化资源，展示本地区的文化特色，创设情境，使历史文化人物再现，引发动机；才艺展示，分声部朗读，升华课堂，落实素养，育人为本，润物无声；设难置疑，引起思辨；我的收获，知识梳理，复习巩固；道德教育和国情教育相结合，注重情感体验和道德实践。

九、教学反思与改进

本节课内容繁杂，较为抽象，不容易理解。本节课主要学习中华文化根，全方位了解中华文化，重点是认识中华文化的重要意义，要这结合史实和现实及本土文化来理解，选择一些典型材料让学生感受中华文化的魅力，从而理解中华文化的重要意义。学生课外积累的知识非常有限，这给教学加大了难度，应该鼓励学生加大课外的阅读以丰富知识面，多看新闻和社会调查类的电视栏目，开阔眼界，以开拓思维面。

十、学习评价设计

环节一：时政播报——培养关注新闻的习惯，聚焦时政热点激发学生兴趣，落实核心素养，厚植家国情怀。

环节二："中华文化知识"大比拼——激发学生学习中华文化知识的热情，使学生充分了解与中华文化有关知识。

续表

> **环节三**：跨越时空的相遇——刘禹锡角色扮演，引导学生感受中华文化的强大生命力。
>
> **环节四**：刘禹锡连州"文化之旅"，让学生认识三种文化，坚定文化自信有更加充分的理由和底气。认识中国特色社会主义文化的丰富内涵，引导学生感受中华文化理念的智慧、气度和神韵。
>
> **环节五**："优秀文化　我传承"，学生感悟中华文化之美，增添内心深处的自信与自豪，理解文化自信的内涵和重要性，做中华优秀传统文化的传承人。
>
> **环节六**：引用习近平在2014年文艺工作座谈会上讲话的节选内容，让学生懂得新时代如何坚定文化自信和发展中国特色社会主义文化。
>
> **环节七**：答疑，学生发现问题、提出问题和解决问题，巩固和加深对所学知识的理解。
>
> **环节八**：我的收获，培养学生梳理知识的能力，巩固所学知识，同时也使教师获得教学反馈信息，便于教师及时反思教学，改进教学方法。
>
> **环节九**：分声部朗诵《中华世纪坛：序》（节选），巩固本节课知识，升华课堂教学效果，落实核心素养。

二、人杰地灵　进士之乡——西岸镇

连州市西岸镇人杰地灵。该镇有"唐氏公孙三进士"（985—1034年），宋仁宗特赐唐氏家族的祖居为"金马世第"；北宋皇祐五年（1053年），该镇冲口村的陈氏兄弟又同时金榜题名，双双高中进士。

冲口村陈姓人氏占了绝大多数，说起祖宗先贤，北宋同登进士的陈铨、陈铸兄弟以及清代名医陈廷佐是他们千百年来隽永荣耀的话题。

（一）双双折桂　传为佳话

为纪念陈铨、陈铸兄弟同登进士这段佳话，村民于清乾隆年间建立了一座风景亭，称"进士亭"，供后人景仰。冲口村里有一座高大的门楼，门楼上悬挂着一块写着"双桂"的匾额，这块匾额记载了冲口双桂坊陈铨、陈铸兄弟二人同登进士的荣耀。

"双桂坊"进士亭至今保留

在距离冲口村10里外的马带村，唐氏三代人唐元、唐静、唐炎，从宋雍熙二年（985年）至宋景祐元年（1034年）的50年内，分别高中进士。如此爷孙蝉联三进士，在历代科举中也是凤毛麟角。因此，宋仁宗特赐唐氏家族祖居为"金马世第"。

受此乡贤影响，冲口村兴文风、重教育，族中子弟无不勤奋读书，其中又以陈铨和陈铸兄弟为优，兄弟二人学习十分努力，连节假日也在书房里读书。一次中秋节，家里人给他们端来了糍粑和糖，放在书桌上，陈铨拿着糍粑在砚池里蘸着墨汁吃，弄得满嘴漆黑。原来他专心致志，竟把墨汁当糖蘸着吃了。他们刻苦攻读，甚至到了"学而忘食，乐而忘忧"程度，学问与日俱增，顺利地通过县考和府考。在北宋皇祐五年（1053年），陈铨、陈铸二人同赴京城殿试，竟双双同登金榜，高中进士，此事一时名震朝野，传为佳话。

为显荣耀，村民将兄弟俩居住的地方誉为"双桂坊"，寓意为"双双折桂[①]"。

（二）进士之乡　又出状元

在西岸镇这个文化底蕴深厚的进士之乡，西岸学子受到家乡崇德尚学文化氛围的熏陶，以先人的事迹为励志典范，刻苦学习，努力拼搏，取得了优异的成绩。西岸镇先后于2018年和2020年又出"女状元"，并被清华大学录取。

2018年8月，连州西岸镇女孩黄惠滟以美术专业科广东第一、全国第12的成绩被清华大学录取！该喜讯一出即在山城连州市引发轰动，家喻户晓。

2020年8月，连州西岸镇女孩石丁尹又以文科总分605分、专业分545分的优异成绩被清华大学艺术类（动画）专业录取。

她们都有一个共同的特点，从小受到家乡崇德尚学文化氛围的熏陶，祖辈的启蒙教诲，点亮了她们心中的明灯，激发了她们前进的动力，刻苦学习，终于功夫不负有心人，圆梦清华。

德文化感悟

1. 了解了陈铨、陈铸兄弟同登"一门双进士"的历史典故，我们仿佛看到他们兄弟发愤学习的情景；也了解了陈家的家教、家风以及他们兄弟刻苦学习的优秀品质，结合他们的成长过程，感受他们宠辱不惊、旷达自适的人生态度。

2. 通过参观陈铨、陈铸兄弟的故居，我们体验到陈氏兄弟刻苦读诗书的场景，在祭拜参观活动中感受到与圣贤对话、和先哲交流，传承他们的精神，在潜移默化中、在日常学习中品书香、悟人生。

---

① "折桂"一词源于《晋书·郤诜传》："累近雍州刺史。武帝于东堂会送，问诜曰：'卿自以为何如？'诜对曰：'臣举贤良对策，为天下第一，犹桂林之一枝，昆山之片玉'。"此后，人们便将朝廷科举中选拔人才称为"折桂"。

德文化互动

1. 陈铨、陈铸兄弟的身上有哪些可贵的学习品质？

2. 结合教材七年级上册第二课《学习伴我成长》，了解黄惠澹、石丁尹两位女孩"双双折桂"清华的事迹，谈谈她们是如何享受学习的。

教学设计

基本信息			
学段	初中	展示单元	七年级上册第一单元
单元整体设计			
单元名称		成长的节拍	

一、单元教学设计说明

本单元既是整个初中道德与法治课程的学习起点，也是全套教材建构的逻辑起点。这个起点包孕了道德与法治课程核心价值观的萌芽。之后各册各单元的内容设计，都是在此基础上的展开和深化。作为对初中生活开端的理性阐述，本单元具有统领全套教材的意义。对于刚刚步入中学校门的学生而言，中学时代是一个全新人生阶段的开始。面对生活和学习的变化，本单元旨在让学生把这些变化看成是生命成长馈赠给自己的礼物，认识到新的阶段意味着新的机会和可能，接纳变化，在积极面对中学学习、自我探索等课题中成长。

续表

本单元由导语、第一课《中学时代》、第二课《学习新天地》、第三课《发现自己》组成，以"成长的节拍"为主题，体现了学生初中生活的基调，映射出全套教材的青春文化底色。本单元的主要内容是：引领学生踏上成长的节拍，体会角色变化的意味，了解中学时代对于人生的意义和价值，为未来的生活确立崭新的目标，并建立努力就有改变的生活信念，树立劳动最光荣、劳动最崇高、劳动最伟大、劳动最美丽的观念；带领学生走进学习新天地，建立学习新概念，拓展对学习的认识和理解，树立终身学习意识，激发生命成长的原动力，学会学习；引导学生关注发展中的自己，客观地评价自己，愉快地接纳自己，努力发掘自己的潜能，学会用发展的眼光看待自己、鼓励自己，逐步形成健康的自我概念。

二、单元目标与重点难点

1. 单元目标

本单元教学，使学生了解中学时代的独特价值和意义，抓住中学生活的机遇，积极迎接挑战；知道编织人生梦想是青少年时期的重要生命主题，实现梦想需要努力；知道学习是中学阶段的重要任务，理解学习的含义、作用，掌握学习的方式方法；了解认识自己的作用和途径，明确接纳、欣赏自己的要求，明确做更好的自己需要落实到行动上。

2. 单元重点

（1）中学时代的独特价值和意义。

（2）努力就有改变。

（3）体味学习。

（4）做更好的自己。

3. 单元难点

（1）中学时代的独特价值和意义。

（2）学习是苦乐交织的。

（3）接纳与欣赏自己。

三、单元整体教学思路

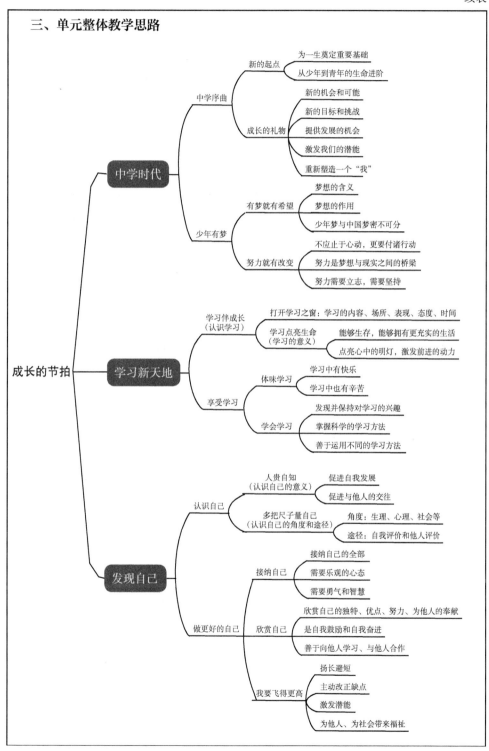

续表

课时教学设计	
课题	学习伴我成长

一、教学内容分析

    本课所依据的课程标准部分是生命安全与健康教育部分的"树立正确的人生观和价值观，尊重和敬畏生命，热爱生活，追求生命高度，成就幸福人生"。本课的内容《学习伴成长》是在第一课《中学时代》的基础上进一步和学生探讨学习的意义。本课主要鼓励学生自主学习、合作学习、终身学习；引导学生积极学习、享受学习；激励学生在学习中发现自我、实现自我。

二、学情分析

    初中学生是一个处在由儿童向青少年时期过渡的特殊群体，具有既幼稚又成熟、半儿童半成人的特点，他们朝气蓬勃，充满活力，思想活跃，但认知能力、思维方式、人格特点及社会经验等都有待进一步发展。经历了小学阶段的学习后，学生在学习方面的差异已经存在，有些问题已经比较突出。例如，有些学生缺乏学习兴趣、学习动力不足、主动性和自控力较差，有的甚至已经出现紧张、焦虑、厌学等不良情绪，严重影响学生的健康与发展。

三、教学目标

    【核心素养】

      1. 健全人格目标：培养终生学习的意识和热爱学习的品质，提升科学文化素养。

      2. 责任意识目标：认识终生都需要学习，增强学习的主动性和自觉性，自觉完成中学时代的学习任务。

      3. 道德修养目标：树立正确的学习态度，认识学习的重要作用，形成学习自律。

    【知识素养】

    1. 学习对个人成长的重要作用。

    2. 学习与个人成长的关系。

四、学习重点难点

    重点：学习的重要性。

    难点：体味学习与个体生命成长的关系，理解学习对于个体生命成长的意义。

续表

五、学习活动设计

教学环节	教师活动	学生活动	设计意图
课前导入	**导入展示本地特色文化材料："一门双进士"的历史典故。** 　　连州市西岸镇人杰地灵。在冲口村，当地兴文风、重教育，族中子弟无不勤奋读书，其中又以陈铨和陈铸兄弟为优。兄弟二人学习十分努力，连节假日也在书房里读书。一次中秋节，家里人给他们端来了糍粑和糖，放在书桌上，陈铨拿着糍粑在砚池里蘸着墨汁吃，弄得满嘴漆黑。原来他专心致志，竟把墨汁当糖蘸着吃了。他们刻苦攻读，甚至到了"学而忘食，乐而忘忧"程度，学问与日俱增，顺利地通过县考和府考。在北宋皇祐五年（1053年），陈铨、陈铸二人同赴京城殿试，竟双双同登金榜，高中进士，此事一时名震朝野，传为佳话。 　　提问：请你用一个关键词概括陈铨、陈铸兄弟身上可贵的学习品质。	学生讨论交流，回答问题。	新课导入，借助连州当地历史典故激发学生学习兴趣，给学生提问的机会，引导学生思考质疑，学会学习，培养科学精神，引出本课关键词"学习"。
新课讲授	**议题一：学习大家谈** 　　最早，"学习"一词出自《礼记·月令》"季夏之月……鹰乃学习"，指小鸟反复学习飞翔。今天，针对陈铨、陈铸兄弟"一门双进士"的历史典故，知道学习是我们的重要任务。初中阶段的学习，包括知识的获取，还包括各种能力的培养。那么问题来了：我们应该如何正确认识学习呢？你经历过哪些学习？	结合材料，认真思考，小组讨论并派代表回答问题。	引导学生从已有的学习生活出发，把握学习的表现，体会学习既在校内又在校外，生活处处有学习。

续表

	播放视频《我的学习时代》，引出问题：每个人都需要学习吗？长大成人之后，我们还需要学习吗？	结合自身实际，并融入课本的相关知识，各抒己见，谈谈自身的看法。	结合人的一生以及当下社会的热门话题，感受人生不同阶段的学习，传达正确的学习态度，培养学生热爱学习的情感。
	议题二：为何而学习？ 为自己？为父母？为国家？为人类？ **展示材料：**西岸镇这个文化底蕴深厚的进士之乡，西岸学子受到家乡崇德尚学文化氛围的熏陶，以先人的事迹为励志典范，刻苦学习，努力拼搏，取得了优异的成绩。黄惠滟、石丁尹先后于2018年和2020年被清华大学录取。她们都有一个共同的特点，从小受到家乡崇德尚学文化氛围的熏陶，祖辈的启蒙教诲，点亮她们心中的明灯，激发她们前进的动力，刻苦学习，终于功夫不负有心人，圆梦清华。	结合材料，认真思考，小组讨论并派代表回答问题。	借助连州当地学子"圆梦清华"的案例，既引导学生思考自己学习的原因，也让学生在不同回答的交流中，明白学习在人生中有着重要意义，促使学生自发努力学习。
课后小结	请举一个生活中类似陈氏兄弟、黄惠滟、石丁尹事例的例子，与同学们分享，并引导学生自主归纳总结本节课内容。同时，把习近平总书记在2023年5月29日主持中共中央政治局第五次集体学习时强调关于"终身学习"的重要性讲话作为赠语作结，以此共勉。	学生积极发言，分享事例；梳理本节课所学知识，巩固并构建知识体系。	在学生回答的过程中可以了解学生对本节课相关知识的掌握情况，帮助学生实现知识的内化与迁移。通过习近平的重要讲话进行情感升华，树立终身学习的意识，不断适应社会发展的需要。

六、板书设计

◉ **学习的内容**

◉ **学习的态度**
- 自觉主动
- 终身学习

◉ **学习的重要性**
- 充实生活
- 持续动力

七、作业与拓展学习设计

★基础训练★

1.（原创题）2023 年 5 月 29 日，习近平总书记在中共中央政治局第五次集体学习时强调："要建设全民终身学习的学习型社会、学习型大国，促进人人皆学、处处能学、时时可学，不断提高国民受教育程度，全面提升人力资源开发水平，促进人的全面发展。"那么，对于中学生而言，终身学习需要（　　　）

A. 善于抓住和利用各种机会去学习

B. 做好永远在学校学习的准备

C. 只需停留在课本上

D. 顺其自然，一切随缘

2. 初中阶段的学习，包括知识的获取、能力的培养以及学会如何做人。以下情境中属于在学习中学会如何做人的是（　　　）

A. 小明在数学课上掌握了有理数的加减法

B. 小丁在信息技术课上学会了视频剪辑

C. 小红在国庆放假期间参观了博物馆

D. 小凡作为班长，学会了与不同性格的同学相处

3. 毛泽东说："有了学问，好比站在山上，可以看到很远很多东西。没有学问，如在暗沟里走路，摸索不着，那会苦煞人。"这说明（　　　）

A. 学习，可以让我们体验不同的生活方式

B. 学习，可以让我们变得更加独立和自由

C. 学习，让面前的世界变得更加精彩

D. 学习，是我们中学生最重要的任务

续表

★能力提升练★

材料一："一日不读书，无人看得出；一周不读书，开始会爆粗；一月不读书，智商输给猪。"——网络流行语

（1）这段网络流行语说明了什么？

材料二：学习是一段充满挑战的人生旅程。每一次勇敢的搏击，都会让我们听到拔节生长的声音；每一次不轻言放弃的坚韧，都会让我们收获更多成长的喜悦；每一次业精于勤的自我鞭策，都会让我们增强奋进的信心和勇气。

（2）请谈谈你对学习的正确认识。

拓展作业

请同学们利用课余时间参观陈铨、陈铸兄弟的故居，体验陈氏兄弟刻苦读诗书的场景，在祭拜参观活动中感受与圣贤对话、和先哲交流，传承他们的精神，在潜移默化中、在日常学习中品书香、悟人生。

八、特色学习资源分析、技术手段应用说明

因材施教，适当整合教材内容。把握教材逻辑和主要脉络，以立足连州本土文化为主线展开学习，挖掘本地区的文化资源，展示本地区的文化特色，创设情境，使经典人物再现，引发学习动机；通过议题式学习，把课堂还给学生的同时，由浅入深，突出重点，突破难点；升华课堂，落实素养，育人为本，润物无声；设难置疑，引起思辨，注重情感体验和道德实践。

九、教学反思与改进

1. 素材使用创新

立足连州本土"德"文化资源，学习"陈氏兄弟"的优秀品质，深挖素材，一材多用、一用到底、一线贯通。

2. 技术运用创新

运用"希沃白板"的放大镜、蒙层、克隆、计时、圈画、拍照上传等功能，有效辅助教学。

3. 教学方式创新

通过议题式学习，以最简的教学方式引导学生习得知识，提高课堂效率的同时，也真正把课堂还给学生。

三、诗坛明星 为官清正——孟宾于

孟宾于（904—911年），字国仪，连州保安人，五代南唐著名诗人，自少聪颖，力学不倦，文思泉涌，出口成章，吟诗作对，闻名乡里，被称为神童。

（一）勤奋好学 诗价满江南

孟宾于生于连州保安镇万全村的一个穷苦农民之家，但他从小有大志，在帮忙家里干农活的间隙，好读书。幼年时他在保安静福山"天衢书院"勤奋学习，生性聪明的他在少年时就能吟诗作文。

孟宾于是家中独子，这在古代的农村社会，意味着劳动力相当薄弱。其父因此认为今后的生计肯定艰难，一天他心生感慨，就在家中墙壁上题了两句诗："他家养儿三四五，我家养儿独且苦。"傍晚，孟宾于放牛回家后，看到墙壁上的诗句，知道是父亲写的，为驱除父亲的忧愁，便搬来凳子，站上去提笔在诗后续上两句："众星不如孤月明，牛羊满山畏独虎。"其

孟宾于画像

父回来看见了续句，觉得儿子不但有志气、有见地，而且从小就树立自己的梦想，心里对儿子的远大志向大加赞赏，坚定了供儿子读书进士的决心。

孟宾于幼负诗名，成年后高中进士，在乡里传为佳话，他以诗名震于时，与何逊、张籍并称"诗人三水部"。如他的《公子行》："锦衣红夺彩霞明，侵晓春游向野庭。不识农夫辛苦力，骄骢踏烂麦青青。"它描写了唐代纨绔子弟浮华生活的诗题，揭露贵家公子在春游中，纵马踏坏麦苗的恶劣行为，以及诗人对富家子弟任意糟蹋庄稼的恶劣行径的气愤，鞭挞了贵族们为害农民的行为，表达了诗人忧国爱民的情怀。他以诗数百篇，集结为《金鳌集》，献之工部侍郎李若虚。李若虚看罢大为赞赏，于是摘录数首，驰书献与朝廷，引起轰动。在宋朝廷任翰林学士的孟宾于的好友、同年进士李昉写诗赞颂孟宾于曰："幼携书剑别湘潭，金榜标名第十三。昔日声尘喧洛下，近年诗价满江南……"

后人为纪念孟宾于的成就，称其故乡为宾于乡（今保安乡）。孟宾于著有诗

集5部，其中《金鳌集》为应举诗，《湘东集》为幕府诗，《金陵集》为南唐诗，《玉笥集》为吉州诗，《剑池集》为丰城集，共505首。宋咸平二年（999年），宋太子太保陈尧佐喜宾于诗有"盛唐风致"，于王禹偁后再序其诗，极力赞评道："如百丈悬流，轰轰洒落苍翠间，清雄奔放，悚人毛骨。自五代诗人以来，未有过于宾于者也。"

（二）为官清正 恪守诚信

孟宾于虽仕途坎坷，但颇有政绩，深受百姓爱戴。在朝廷任职时的许多轶事，特别是他坚守诚信的品格，至今仍有不少在当地民间流传。在朝廷期间，连州来了一封急信，写着"种田大山万里贼"。朝廷因此认为连州局势严重，皇帝因此召集大臣们商议对策，因孟宾于是连州人，故被委派到连州平息贼乱。回到家乡，孟宾于通过广泛调查、取证，了解到其实信中所谓的"种田大山万里贼"，是种田、大山和万里3个村庄出现了盗贼——原来当时连州大旱，粮食失收，一些人为此走上偷盗之路。了解实情后，他坚信"格物致知诚意正心"才能"修身

连州保安镇"抬大神"活动，图中"抬一尊大神"
为孟宾于

齐家治国平天下"，同时采取怀柔政策，恪守诚信，敦促盗贼下山投降，并且在连州开仓济民，大受民众拥护。盗贼首领感于孟宾于的诚信和惠民行为，因而下山投降，贼乱由此平息了。回到朝廷，孟宾于向皇帝如实禀告。鉴于办事能力高，孟宾于得到了朝廷重赏。

孟宾于为官清正，他恪守诚信的品格让后人懂得了"人无信不立，国无信不强"的道理。几十年来，连州老百姓都过着安居乐业的日子，后来连州当地村民自发在每年的农历七月七日请戏班唱戏以纪念孟宾于；保安镇在每年重阳节举行的"抬大神"活动中，有一尊大神就是孟宾于，以歌颂他的功绩。连州于1986年6月15日成立了以孟

宾于名字命名的诗词组织"宾于诗社"，把他立为诗词创作的榜样，一来学习、发扬他的刻苦好学精神，二来为文学爱好者提供一个学习、交流的平台，进而发展连州文化，繁荣诗词创作。

德文化感悟

1. 孟宾于之所以被称为神童，是因为他少年有梦，不应止于心动，更要付诸行动。从他为其父完整续诗句"众星不如孤月明，牛羊满山畏独虎"就体现出他不但有志气、有梦想，而且付诸行动。只有不懈地追梦、圆梦才能改变生活，改变我们自己。

2. "功崇惟志，业广惟勤"是少年孟宾于的座右铭，这告诉我们青年学生想要实现自己的梦想，建立一番功业，既要有高远的志向，也要付出辛勤的努力，"志"与"勤"二者，缺一不可。有天资固然重要，但如果没有后天的努力学习，要想成功是不可能的，后天的学习比天资更重要。因此，孟宾于从小就立志，坚持努力，即使过程再艰难，梦想也会实现。成功，永远属于那些不懈努力、不断追求的人。这位"诗价满江南"的诗人，是后人的精神楷模。

德文化互动

1. 神童孟宾于为什么被称为"诗价满江南"的诗人？他靠的是什么？

2. 结合教材七年级上册第一课《少年有梦》，谈谈你是如何实现自己的梦想的。

3. 拓展行动：在生活中，你会为实现梦想付出怎样的努力？请写出具体计划。

我的努力计划：

（1）未来三年里，我最大的梦想 _____

（2）为了实现梦想，我想要培养的品质 _____

教学设计

基本信息			
学段	初中	展示单元	八年级上册第二单元
单元整体设计			
单元名称	遵守社会规则		

一、单元教学设计说明

本单元以"社会规则"为主题，对学生进行社会主义核心价值观和道德修养教育，指出社会规则营造良好的社会秩序，给我们的学习和生活带来便利。道德和法律是调节人们行为的两种主要社会规则。学习和践行道德和法律规范，提高道德修养，增强法治意识，推动社会文明进步。

第四课引导学生有意识地了解中华民族有着优良的道德传统，包括尊重他人、以礼待人、诚实守信等道德修养。在社会生活中，我们应该尊重他人，以礼待人，诚实守信，努力做社会主义道德的践行者，形成崇德向善、见贤思齐的社会风尚，共同创造文明的社会生活。

二、单元目标与重点难点

1. 单元目标

（1）能力目标：通过学习，能够在社会生活中践行尊重他人、以礼待人、诚实守信；训练学生观察、思考、分析、综合的能力。

（2）情感态度：尊重他人也是践行社会主义核心价值观的要求，能使我们获得好的情感体验。树立文明有礼意识，做文明有礼的人。树立诚信意识，做文明诚信的人。

2. 单元重点

（1）尊重他人是一个人内在修养的外在表现。

（2）文明有礼是人立身处世的前提。

（3）如何践行诚信，做诚信的人。

3. 单元难点

（1）学会换位思考和欣赏他人。

（2）文明有礼是人立身处世的前提。

（3）理解诚信的智慧，珍惜自己的诚信记录。

续表

三、单元整体教学思路

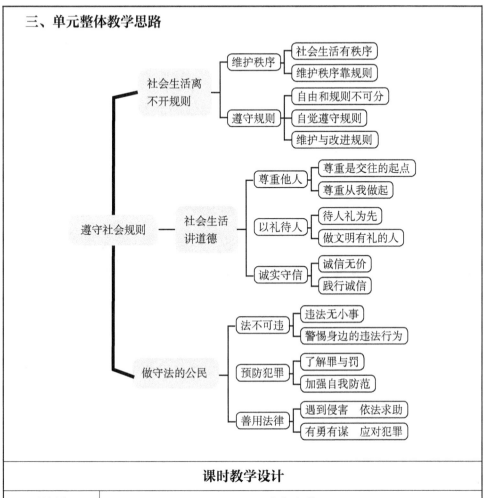

社会生活离不开规则	维护秩序	社会生活有秩序
		维护秩序靠规则
	遵守规则	自由和规则不可分
		自觉遵守规则
		维护与改进规则

（遵守社会规则）

社会生活讲道德
- 尊重他人：尊重是交往的起点／尊重从我做起
- 以礼待人：待人礼为先／做文明有礼的人
- 诚实守信：诚信无价／践行诚信

做守法的公民
- 法不可违：违法无小事／警惕身边的违法行为
- 预防犯罪：了解罪与罚／加强自我防范
- 善用法律：遇到侵害　依法求助／有勇有谋　应对犯罪

	课时教学设计
课题	诚实守信

一、教学内容分析

　　"诚实守信"，主要阐述了诚实守信的内涵、意义和我们如何在社会生活中践行诚信，做一名诚实守信的人。本框第一目从诚信的内涵，讲述诚信是社会主义核心价值观在公民个人层面的一个价值准则，是中华民族的传统美德；诚信也是一项民法原则。诚信对个人、企业、社会和国家的重要意义。引导学生在日常生活中践行社会主义核心价值观和诚实守信的道德修养。第二目从践行诚信，讲述了在社会生活中践行诚信的方法。树立诚信意识，在复杂的社会生活中学会运用诚信智慧，珍惜个人诚信记录。

续表

二、学情分析

八年级的学生正处于人生发展的重要阶段，这一阶段无论在心理还是生理上都是一个急剧变化的关键时期。青春期特殊的心理和生理特点，使学生处在暴风骤雨的情绪变化期，易冲动，缺乏理性。从认知水平上，学生已经学过了平等的相关内容，并且有一定的是非观念。所以，在教学过程中，通过对案例的分析和对诚信的学习，帮助学生树立诚实守信的社会意识，学会在生活中运用正确的方法践行诚信。

三、目标确定

政治认同：主动弘扬中华传统美德，认同社会主义核心价值观。

道德修养：知道诚信是做人的基本要求，做诚实守信的人。

责任意识：我们要传承中华优秀传统美德，维护国家的形象和声誉。

四、学习重点难点

重点：诚信是中华民族的传统美德，诚信的意义，如何践行诚信，做诚信的人。

难点：理解诚信的智慧，珍惜个人的诚信记录。

五、学习活动设计

环节一：导入新课

教师活动：	学生活动：
视频播放：中央宣传部、国家发展改革委向社会发布了2020年"诚信之星"。 教师指出这则时政要闻与本节课内容有关，并提醒同学关注的内容。	认真观看视频。

设计意图：培养关注新闻的习惯，聚焦时政热点激发学生兴趣，落实核心素养，厚植家国情怀，充分发挥学科育人功能。

续表

环节二：新课探究	
教师活动：本地特色文化材料展示 　　孟宾于，字国仪，连州保安人，五代南唐著名诗人，自少聪颖，力学不倦，文思泉涌，出口成章，吟诗作对，闻名乡里，被称为神童。 　　**为官清正　恪守诚信** 　　孟宾于虽仕途坎坷，但颇有政绩，深受百姓爱戴。在朝廷任职时的许多轶事，特别是他坚守诚信的品格，至今仍有不少在当地民间流传。在朝廷期间，连州来了一封急信，写着"种田大山万里贼"。朝廷因此认为连州局势严重，皇帝因此召集大臣们商议对策。因孟宾于是连州人，故被委派到连州平息贼乱。回到家乡，孟宾于通过广泛调查、取证，了解到其实信中所谓的"种田大山万里贼"，是种田、大山和万里3个村庄出现了盗贼——原来当时连州大旱，粮食失收，一些人为此走上偷盗之路。了解实情后，他坚信"格物致知诚意正心"才能"修身齐家治国平天下"，同时采取怀柔政策，恪守诚信，敦促盗贼下山投降，并且在连州开仓济民，大受民众拥护。盗贼首领感于孟宾于的诚信和惠民行为，因而下山投降，贼乱由此平息了。回到朝廷，孟宾于向皇帝如实禀告。鉴于办事能力高，孟宾于得到了朝廷重赏。	**学生活动**：学生认真阅读材料。
设计意图：展示连州本土文化，让学生了解诚信的内涵和意义。	
教师活动：提出问题 　　孟宾于恪守诚信，敦促盗贼下山投诚，平息了贼乱。 　　1. 你如何理解诚信？ 　　2. 诚信有什么意义？	**学生活动**：学生带着问题认真阅读课本，分组讨论。

续表

设计意图：在创设情境中开展学习活动，激发学生的学习兴趣、活跃课堂气氛；引导学生感受诚信的意义。	
教师活动：在学生回答问题后，对学生的问题进行点评总结。	**学生活动**：学生阅读材料思考并回答诚信的内涵和意义。
设计意图：旨在培养学生阅读能力、分析问题能力和归纳总结概括能力；增强学生对诚信的理解，树立诚信意识，自觉践行诚实守信，做诚实守信的人。	
教师活动：展示阅读材料 **小贤诚信二三事** 　　课间时，同学们聚在一起讨论周末一起去自然博物馆参观，完成生物课上的学习任务。刚说到订票的问题，小贤连想都不想，立马拍着胸脯说："我来给大家订票，让我妈妈给大家多弄几张！" 　　第二天到家一进门，小贤问妈妈弄到几张票，妈妈却说："票源太紧张了，只弄到了两张！" 　　小贤该如何向同学交代呢？ （教师提出问题） 如何践行诚信？ （学生回答后，教师总结） ①树立诚信意识；	**学生活动**：阅读材料，思考后回答问题。
设计意图：引导学生阅读理解，培养学生分析问题、解决问题的能力。	
教师活动：  你是否赞同上述同学的观点？说说你的理由。 结合一个典型案例，分析说明应该如何处理诚实与保护隐私的关系。 学生回答问题后，教师总结： 如何践行诚信？ ②运用诚信智慧。	**学生活动**： 　　阅读课本第44页并思考：你是否赞同上述同学的观点？说说你的理由。结合一个典型案例，分析说明应该如何处理诚实与保护隐私的关系。

续表

设计意图：引导学生正确处理诚实与保护隐私的关系。	
教师活动： 2003年，吴恒忠的儿子因车祸不幸去世，留下了近20万元的债务。吴恒忠含泪向债主承诺："请你们放心，我一定想办法把儿子欠的债还清，决不赖账。"为了还债，他将52亩撂荒地开垦出来。只要有了一点儿积蓄，他就拿去还债。一位债主不忍心看到他如此辛苦，曾多次主动说不要他还钱了，吴恒忠却说："借了钱就一定要还！"到2013年，吴恒忠用自己勤劳的双手为儿子还清了债务。 他的事迹感动了很多人，当地老百姓这样赞扬吴恒忠："诚信老爹吴恒忠，信义无价美名扬。"2013年，吴恒忠被评为第四届全国道德模范。 教师提问： 吴恒忠为什么获得大家的好评？ 搜集有关诚信的故事，并与同学分享。 学生回答问题后，教师总结： 如何践行诚信？ ③珍惜个人诚信记录。	**学生活动：** 阅读课本第44页，思考回答问题： 吴恒忠为什么获得大家的好评？ 搜集有关诚信的故事，并与同学分享。
设计意图：引导学生分析问题，提高表达能力。	
环节三：我的收获	
教师活动：本节课同学们学到了什么？请大家谈谈自己的收获。明白了什么道理？	**学生活动：**学生谈收获。
设计意图：引导学生培养梳理知识的能力，巩固所学知识，同时也使教师获得教学反馈信息，便于教师及时反思教学，改进教学方法。	

续表

六、板书设计

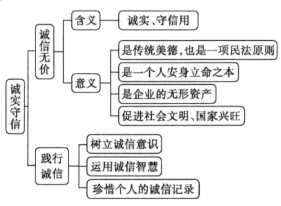

七、作业与拓展学习设计

★**基础训练**★

1. 中国消费者协会发布的 2020 年 10 月 20 日至 11 月 15 日期间《消费维权舆情分析报告》显示，有关直播带货诚信缺失的负面信息比较突出。直播带货，诚信是最核心的竞争力。为直播带货这个新兴领域厚植诚信底色，是大势所趋、发展所需、人心所向。"为直播带货这个新兴领域厚植诚信底色"，要求（　　　）

①职能部门加强市场监管

②教育引导直播带货者遵守商业规则

③广大消费者加强监管

④网络直播平台严格执法

A. ①②　　　　　B. ①③　　　　　C. ②④　　　　　D. ③④

2. 诚信是一个人安身立命之本。践行诚信，我们要（　　　）

①树立诚信意识，真诚待人

②既恪守诚信的要求，又尊重他人隐私

③讲信用，守诺言

④以诚相待，以信为本

A. ①②③　　　　B. ②③④　　　　C. ①③④　　　　D. ①②③④

★**能力提升练**★

1. 诚信是社会主义核心价值观的重要内容之一。以下行为属于诚信表现的是（   ）

A. 如实填写档案   B. 隐瞒错误行为

C. 销售过期产品   D. 抄袭他人作业

2. "道不可坐论，德不能空谈。"诚信就是诚实、守信用。诚实是一种道德规范和品质。我们要大力弘扬诚信文化，共同营造良好的社会风尚。

（1）社会主义核心价值观在公民个人层面上的价值准则是什么？

（2）诚信无价，你将如何做一个诚信之人？

拓展作业

以"传承中华诚信美德"为主题，撰写演讲词，在班级组织一次演讲比赛。

八、本地特色文化学习资源分析、技术手段应用说明

因材施教，适当整合教材内容。把握教材逻辑和主要脉络，以立足连州本土文化为主线展开学习，挖掘本地区的文化资源，展示本地区的文化特色，创设情境，使历史文化人物再现，引发动机；才艺展示，分声部朗读，升华课堂，落实素养，育人为本，润物无声；设难置疑，引起思辨；我的收获，知识梳理，复习巩固；道德教育和国情教育相结合，注重情感体验和道德实践。

续表

九、教学反思与改进

本节课内容属于道德修养范畴，道德修养是调节人们行为的主要社会规则之一。本课主要学习诚实守信，全方位地了解了诚信的意义，重点是发自内心地践行诚信。本课要结合史实和现实及本土文化来理解，教师应选择一些典型材料让学生感受诚信的意义，从而理解诚信的重要意义。社会生活是复杂的，学生有时会面临两难的选择。学生课外积累的知识和社会经验非常有限，这给教学加大了难度，教师应该鼓励学生加大课外的阅读以丰富知识面；多看新闻和社会调查类的电视栏目，开阔眼界，以开拓思维面。

十、学习评价设计

1. 环节一：导入新课（时政播报）——培养关注新闻的习惯，聚焦时政热点激发学生兴趣，落实核心素养，厚植家国情怀。

2. 环节二：新课探究

活动一：五代诗坛明星孟宾于——展示连州本土文化，让学生了解诚信的内涵和意义。

活动二：小贤诚信二三事——引导学生阅读理解，培养学生分析问题、解决问题的能力。

活动三：探究与分享（课本第44页）——培养学生分析问题、解决问题的能力，引导学生正确处理诚实与保护隐私的关系。

活动四：探究与分享（课本第44页）——引导学生分析问题，提高表达能力。

3. 环节三：我的收获——引导学生培养梳理知识的能力，巩固所学知识，同时也使教师获得教学反馈信息，便于教师及时反思教学，改进教学方法。

作业与拓展学习设计：检验学生的学习情况，巩固所学知识，并能把所学知识运用于现实生活，在社会生活中做一个诚实守信的人。

四、花甲进士 曲直分明——莫与齐

莫与齐（1559—1627年），字无慎，号苍屏，明连州城折桂坊人。他从小刻苦攻读圣贤之书，讲议研习，旁征博引，时连州儒林名士大半出自其门下。这位从教大半辈子的儒生堪称连州历史奇人，过了知天命之年毅然改变人生轨迹，弃教求仕，创造了年过花甲中进士、做官速成"莫青天"的人生奇迹。

（一）勤奋自励 高龄折桂

莫与齐是自学成才之士，早年安于设帐授徒，门生众多，以善于施教育人而享名于当地。但他因没有正式的"文凭"，在社会上交际总觉得底气不足，乃决意博取功名。五十岁时被荐为贡生，但他并不以此为满足，更加勤奋自励，发愤要实现金榜题名。他曾题诗自励曰："卞环未至应惭泣，鲁戈难晚尚堪挥。"五十五岁时，莫与齐和他的得意门生周文炜共赴乡试，考中第二名，周文炜则名列榜首。师徒两人共引风骚，使他折桂之念益坚。天启二年（1622年），莫与齐慨然赴京参加会试，天道酬勤，脱颖而出，名列金榜第九名，是时他已六十有三了。

（二）折狱决案 吏民仰慕

迟来的进士桂冠将莫与齐推上仕途，莫与齐被授予南京太平府推官。明代推官是府台衙门的中层官员，官阶不高，但颇有实权，职掌"理刑名"，握有复核重判刑狱的重要权责。他审理刑狱，重调查、重证据，以大明法律为准绳，折狱决案，曲直分明，令人折服。多宗冤假错案在他复查中得到平反纠正，而被时人称为"莫青天"。南京抚台将其事迹呈报朝廷，荐其为重用能臣。在此关键时刻，莫与齐却因劳累过度而疾病缠身。他不想抱病履新而有负于使命，遂致仕归养。这位老教书匠在推官任上，前后不过三年，却流光溢彩，成为任地吏民仰慕的名宦，实令人奇哉。

莫与齐的事迹为连州后人树立了榜样。他说过：吾生也有涯，而知也无涯，以有涯随无涯，殆已。就是说：人生是有限的，但知识是无限的（没有边界的），用有限的人生追求无限的知识，做到活到老，学到老。

德文化感悟

1. 古人说："三日不读书，便觉言语无味，面目可憎。"每天读点有益的书，对人的精神有滋补作用。因为读书可以给人以智慧，给人以快乐，给人以创造力；可以陶冶情操、净化心灵；可以丰富文化知识、扩大生活视野；可以培养能力、开发智力；还可以获取信息、交流信息。

2. 老子说"自知者明。"这告诉我们，认识自己多么重要，只有正确认识自己才能更好地发展自己的能力。莫与齐从高龄折桂到吏民仰慕的事迹，说明了他从发现自己到正确认识自己以及做更好的自己，都是通过读书学习来提升自己的。

德文化互动

1. 从莫与齐读书与做官的事迹中你学到了什么？

2. 结合教材七年级上册第三课《发现自己》，你有什么感悟？

3. 探究与分享：你能帮助他们解答困惑吗？
小明：我完全接纳了自己，还怎么进步呢？

小红：我不断地努力，可总是达不到心中理想自我的要求，我怎么办呢？

小亮：俗语说，从小看大，三岁看老。我还能改变吗？

教学设计

基本信息			
学段	初中	展示单元	七年级上册第一单元
单元整体设计			
单元名称	成长的节拍		

一、单元教学设计说明

　　本单元以"成长的节拍"为主题，学生进入中学阶段，面对三个"新"，即中学新时代、中学新学习和中学新自我，对于从小学升入初中的学生来说，如何尽快适应新的环境、新的同学、新的老师是他们成长中的重要经历，对他们有重要影响。本单元设置了中学时代、学习新天地、发现自己对学生进行教育，让学生在新的学习环境树立梦想，努力去实现梦想，培养克服困难的坚强意志，掌握适合自己的学习方法；学会正确认识自己，让自己能飞得更高、更远，做更好的自己。

第二课引导学生有意识地了解学习的重要性，懂得学习是一个苦乐交织的过程，培养学生坚强的意志，克服困难。掌握适合自己的学习方法，学会运用不同的学习方式，提升自己的学习效果。

二、单元目标与重点难点

1. 单元目标

（1）能力目标：

①通过学习，提高对中学生角色、中学地位的认识；树立中学新目标，迎接新挑战。认识青少年时代是怀揣梦想、放飞梦想的时代；能不断完善自我，树立努力意识。②增强学习的主动性和自觉性；正确对待学习中遇到的困难；学会享受学习的方法。③明确认识自己的重要性，能够通过多种方式认识自己；客观地评价自己；克服理想自我与现实自我的矛盾。

（2）情感态度：

①热爱中学生活，主动调整好自己的心态，以良好的精神面貌迎接初中生活。认识梦想的作用和对人生的意义；培养自己为人生奋斗的远大理想和亲近社会、热爱祖国、奉献社会、为实现中国梦而努力的美好情感。②热爱学习，培养终生学习的意识和品质。增强克服学习困难的勇气。③增强认识自我、完善自我的意识；培养健康向上、不断完善自我的意识。

2. 单元重点

（1）少年有梦。

（2）学习点亮生命。

（3）做更好的自己。

3. 单元难点

认识自己。

续表

三、单元整体教学思路

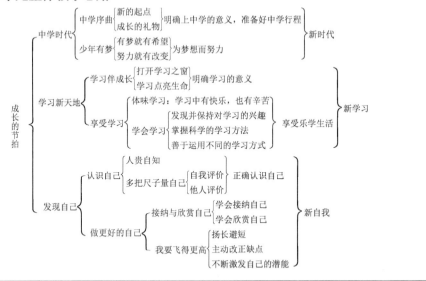

课时教学设计

课题	享受学习

一、教学内容分析

"享受学习",主要阐述了学习过程是一个苦乐交织的过程,要想学习取得好的效果,就要掌握适合自己的学习方法。本框第一目"体味学习",讲述了学习中有快乐,学习中也有辛苦,当我们经历了学习的辛苦,收获学习的成果时,那会让我们体验到学习的美好,学习过程带给我们美妙感受。第二目讲述了要学会学习,就要掌握适合自己的学习方法,"学习有法,学无定法,贵在得法"只有适合自己的学习方法才是最好的方法。

二、学情分析

七年级的学生正处于人生发展的重要阶段,这一阶段无论在心理还是生理上都是一个急剧变化的关键时期。青春期特殊的心理和生理特点,使学生处在暴风骤雨的情绪变化期,易冲动,缺乏理性。从认知水平上,学生经过小学阶段的学习,对学习的重要性有所认知,但进入初中阶段的变化,可能一时难以适应。所以,在教学过程中,通过对案例的分析和初中阶段学习科目和内容变化,帮助学生理解学习是一个苦乐交织的过程,要克服困难,掌握适合自己的学习方法和不同的学习方式,提高学习效率。

续表

三、目标确定
健全人格：理解学习是个苦乐交织的过程，保持乐观的学习态度，培养克服困难的坚强意志，学会合作学习。 　　**责任意识**：认真学习，提高自身素养，为实现中华民族伟大复兴打好基础。 　　**法治意识**：受教育既是我们的基本权利，也是我们的基本义务。

四、学习重点难点
重点：如何享受学习的快乐。 　　**难点**：在多种学习感受中寻找学习的乐趣。

五、学习活动设计

环节一：导入新课

教师活动（展示本地特色文化材料）：	学生活动：
花甲进士　曲直分明——莫与齐 　　莫与齐（1559—1627年），字无慎，号苍屏，明连州城折桂坊人。他从小刻苦攻读圣贤之书，讲议研习，旁征博引，时连州大儒名士大半出自其门下。这位从教大半辈子的儒生堪称连州历史奇人，过了知天命之年毅然改变人生轨迹，弃教求仕，创造了年过花甲中进士、做官速成"莫青天"的人生奇迹。 　　**勤奋自励　高龄折桂** 　　莫与齐是自学成才之士，早年安于设帐授徒，门生众多，以善于施教人而享名于当地。但他因没有个正式的"文凭"，在社会上交际总觉得底气不足，乃决意博取功名。五十岁时被荐为贡生，但他并不以此为满足，更加勤奋自励，发愤要实现金榜题名。他曾题诗自励曰："卞环未至应惭泣，鲁戈难晚尚堪挥。"五十五岁时，莫与齐和他的得意门生周文炜共赴乡试，考中第二名，周文炜则名列榜首。师徒两人共引风骚，使他折桂之念益坚。天启二年（1622年），莫与齐慨然赴京参加会试，天道酬勤，脱颖而出，名列金榜第九名，是时他已六十有三了。	认真阅读材料，思考： 　　1. 从莫与齐读书的事迹你学到了什么？ 　　2. 作为初中生，我们应怎样学会学习？

续表

设计意图：展示连州本土名人，让学生了解本土文化，充分发挥学科育人功能。	
环节二：新课探究	
教师活动：展示"运用你的经验"（课本第20页）  **教师总结**：例如，增强自己对某方面知识的兴趣，找到志趣相投的同伴，发现自己的潜能等。	**学生活动**：分享交流各自的感受，并将其写在教材的空格内。
设计意图：让学生结合自己的经历谈感受，激发学生兴趣。	
教师活动：展示"探究与分享"（课本第21页-2） 　　我真的无法用语言描述此时的心情，我想跳起来，大声地告诉所有的同学："我解出了这道题！"我多么希望所有的同学都来分享我的快乐！为了这道题，我整整一个中午没有休息，连饭都顾不上吃，而且用掉了一大堆稿纸。在这个过程中，我经历了困惑、疑虑、苦思冥想……功夫不负有心人，在我感到"山重水复"的时候，突然"柳暗花明"。这种豁然开朗的感觉，简直无法用语言形容！ 　　你有过类似的经历吗？如果有，说说你当时的感受。	**学生活动：** 　　带着问题认真阅读课本，分组讨论并派代表回答问题。

续表

教师活动 / 学生活动

设计意图：开展探究学习活动，激发学生的学习兴趣、活跃课堂气氛；引导学生感受学习过程。

教师活动：在学生回答问题后，对学生的问题进行点评总结。	**学生活动**：派代表简评其他小组的问题。

设计意图：旨在培养学生小组合作、分析问题能力和归纳总结概括能力；增强学生对学习过程的感受，培养坚强意志，学会学习。

教师活动：展示教材第22页"探究与分享–1"的情景图  教师根据实际情况作出小结，肯定学生的学习成果。 怎样学会学习？ 学会学习，需要发现并保持对学习的兴趣。	**学生活动**：阅读材料，思考后回答问题。

设计意图：引导学生阅读理解，培养学生分析问题、解决问题的能力。

教师活动：展示教材第22页"探究与分享–2"的情景图 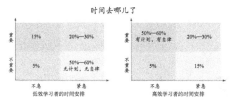 a. 比较这两幅图有哪些不同？ b. 造成这些不同的原因可能有哪些？ c. 回顾自己的一周，你的时间去哪儿了？你该怎样有效利用时间？	**学生活动**： 学生一起看教材第22页下方"探究与分享"的情景图，思考问题： a. 比较这两幅图有哪些不同？ b. 造成这些不同的原因可能有哪些？ c. 回顾自己的一周，你的时间去哪儿了？你该怎样有效利用时间？

续表

逐个研讨上述三个问题，把同学回答和自由发言相结合，教师适时作小结。 　　指导学生阅读教材第23页正文第1段，提出问题： 　　a. 学会学习为什么要掌握科学的学习方法？ 　　b. 对自己而言，什么样的学习方法才是最好的？ 　　教师根据实际情况作小结，鼓励学生动脑。	
设计意图：培养学生学会看图表、分析问题、解决问题的能力。	
教师活动：指导学生阅读教材第23页最后一段，思考： ①"独学而无友，则孤陋而寡闻"强调的是哪种学习方式？ ②学习还有哪些其他方式？ **教师总结：**①合作学习；②自主学习。	**学生活动：**阅读教材第23页最后一段，思考： ①"独学而无友，则孤陋而寡闻"强调的是哪种学习方式？ ②学习还有哪些其他方式？
设计意图：引导学生阅读理解，培养分析问题能力以及表达能力。	
环节三：我的收获	
教师活动：本节课同学们学到了什么？请大家谈谈自己的收获。明白了什么道理？	**学生活动：**学生谈收获。
设计意图：引导培养学生梳理知识的能力，巩固所学知识，同时也使教师获得教学反馈信息，便于教师及时反思教学，改进教学方法。	

六、板书设计

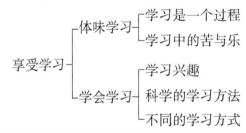

七、作业与拓展学习设计

★基础训练★

1. 习近平谈到学习时，勉励青年："既多读有字之书，也多读无字之书。"对此，下列理解正确的是（　　　）

A. 学习是一种生活方式

B. 学习是一个长期的过程

C. 学习是人生的重要航标

D. 我们既要重视书本学习又要重视实践

2. 每年秋季学期开学，有的学校举行新生开学典礼时，会把中考成绩优秀的学生请回来作报告，这些学生都强调"要学会学习"。我们要学会学习就应（　　　）

①照搬他人的学习方法

②发现并保持对学习的兴趣

③掌握科学的学习方法

④善于运用不同的学习方式

A. ①②③

B. ①②④

C. ②③④

D. ①③④

★能力提升练★

心理学家认为，每个人在学习方式上都有自己的特点，比如在时间上，有人喜欢早上学，有人喜欢夜间学；在形式上，有人习惯独自学，有人习惯结伴学……下列关于学习方法的说法正确的有（　　　）

A. 多数同学运用的学习方法一定是有效的，一定适合我

B. 能让自己学习起来更愉快、更有效的方法一般来说比较适合我

C. 成绩好的同学使用的学习方法一定是有效的，一定适合我

D. 所有学科的学习方法应保持一致

拓展作业

总结自己的学习方法，并与同学分享。整理每位同学的学习经验，形成一本学习方法手册。

续表

八、本地特色文化学习资源分析、技术手段应用说明

因材施教，适当整合教材内容。把握教材逻辑和主要脉络，以立足连州本土文化为主线展开学习，挖掘本地区的文化资源，展示本地区的文化特色，创设情境，使历史文化人物再现，引发动机；才艺展示，分声部朗读，升华课堂，落实素养，育人为本，润物无声；设难置疑，引起思辨；我的收获，梳理知识，复习巩固；道德教育和国情教育相结合，注重情感体验和道德实践。

九、教学反思与改进

在素材选择上不够新，与学生的实际生活联系得不太够，在讲述学习的方法时，可以更多地结合学生的学习生活实际，这样更能引起学生共鸣，帮助学生认识"学习有法，学无定法，贵在得法"，唤起学生内心深处自觉去探究适合自己的学习方法的欲望。

十、学习评价设计

1. 环节一：导入新课（展示本土文化材料）——展示连州本土名人，让学生了解本土文化，充分发挥学科育人功能。

2. 环节二：新课探究

活动一：运用你的经验（课本第20页）——让学生结合自己的经历谈感受，激发学生兴趣。

活动二：探究与分享（课本第21页-2）——引导学生阅读理解，培养学生分析问题、解决问题的能力。

活动三：探究与分享（课本第22页-1）——培养学生分析问题、解决问题的能力，引导学生发现并保持对学习的兴趣。

活动四：探究与分享（课本第22页-2）——引导学生分析问题，锻炼表达能力。

3. 环节三：我的收获——培养学生梳理知识的能力，巩固所学知识，同时也使教师获得教学反馈信息，便于教师及时反思教学，改进教学方法。

4. 作业与拓展学习设计：检验学生的学习情况，巩固所学知识，并能把所学知识运用于现实生活。

▶▶ 专题三

爱国篇：讲好连州故事，传承家国情怀

　　爱国，是公民应有的道德情操，是中华民族的优良传统。爱国就是对祖国的忠诚和热爱，国属于每一个公民的，公民活得有尊严，国家也有尊严。连州历朝历代，许多仁人志士都具有强烈的忧国忧民思想，以国事为己任，前仆后继，临难不屈，保卫祖国，关怀民生，形成了以爱国主义为核心的伟大的民族精神。我们把恒久动人的爱国故事，用以培养青年一代高尚的情操，今天为振兴中华而勤奋学习，明天为创造祖国辉煌未来贡献自己的力量，真正把爱国之志变成报国之行。

一、志大忧国　岂能顾家——黄匪躬

　　连州西岸鹅岗村口有个祠堂叫清风祠，它是黄氏后裔们为了祭祀先人黄匪躬而建的。清风祠内，记载着黄匪躬的事迹，其中他说的"志大惟忧国，恩深岂顾家"一句一直流传于世。

（一）从小立志　报效国家

　　黄匪躬，五代连州西岸乡鹅岗（今西岸镇鹅江村）人，自幼聪颖且胸怀大志，他坚信人无志不立，志不立，则天下无可成之事。

　　黄匪躬于后唐光启三年（887年）登进士，其才学与同州进士张鸿、邵安石、吴谒等名噪一时，其才情及胸襟为时人所钦慕，其谋略超群，时称"王佐之才"。由于他处于唐朝后期，藩镇割据、民不聊生时代，很多有志之士都希望得到他的辅佐而成就大业。后来他于梁朝任职，入钟传幕，处理"奏记"等事务。

（二）一揖清风　永留清名

黄匪躬奉梁王之命出使梁属之楚国时，楚国是黄匪躬的家乡。楚王马殷奖励农桑、发展茶叶、倡导纺织、重视贸易，使楚国经济得以发展，是五代十国时期南楚开国君主。早已倾慕黄匪躬才华的楚王马殷大喜，力邀其效力马楚政权，成就一番大业。为了表示对黄匪躬的敬慕之意，马殷以"尽蠲免其门户租役"，就是将他家乡鹅岗村租税徭役全部免除，换取其效力马楚政权。马殷开出的条件很优厚，但匪躬很坚定地拒绝了，以诗句"志大惟忧国，恩深岂顾家"答谢马殷，表明做大事的人心里装的是国家的兴盛、人民的福祉，以小群体的利益换取名誉地位非君子所为。

见识了黄匪躬的真性情，马殷感叹曰："老夫尝恐不一揖清风，今幸得见之，惟恐不足以奉汤沐。"大意是求贤若渴的我以前怕遇不到先生这样高风亮节的人，现在遇到了，又怕你不给机会，让我与你共事。

黄匪躬"志大惟忧国，恩深岂顾家"的报国之志，成为后人吟唱着黄匪躬"一揖清风"、清名垂千古的颂歌。

连州西岸鹅岗的黄氏后裔们为纪念黄匪躬，在村口建祠堂清风祠来祭祀他。现在虽然清风祠已踪迹难觅，但黄匪躬"志大惟忧国，恩深岂顾家"之句却一直流传于世。

德文化感悟

1. 黄匪躬有着"志大惟忧国，恩深岂顾家"的报国之志，成为我们年轻一代学习的楷模。他这种国兴我荣、国衰我耻的情怀，告诉我们必须牢固树立国家利益至上的观念，树立和增强危机意识和防范意识，增强维护国家利益的责任感和使命感。

2. 黄匪躬的感人事迹，明确地告诉我们如何把握国家利益与个人利益的关系。当国家利益和个人利益发生矛盾时，个人要着眼长远、顾全大局，以国家利益为重，把国家利益放在第一位。在必要的情况下，为了国家利益，有时不仅需要放弃个人利益，甚至要献出自己宝贵的生命。每个人都要对祖国怀有深厚的情感，不允许她的利益受到任何亵渎和损害，只有国家健康快速发展，个人利益才能得到更好实现，要充分利用国家发展为我们成长提供的良好条件，刻苦学习，提高素质，努力掌握维护和发展国家利益的能力。

3. 青少年是祖国未来的建设者和接班人，必须具有高度的历史责任感，担负起时代发展的重任，树立起崇高的理想、远大的抱负。

德文化互动

1. 搜集或者自己创作一首爱国诗歌，组织一次朗诵比赛，交流朗诵感受。

2. 以"祖国在我心中"为主题，出一期板报。

3. 小组合作探究：

近年来，出现了一些威胁我国和平稳定、损害我国国家利益的现象。我们要居安思危，增强国防意识，维护国家安全。具体步骤：

第一步：请查阅相关资料，选取一个危害我国国家安全的实例，讨论我们应该如何更好地维护国家利益。

第二步：开展国防意识调查。

（1）查阅相关资料，在社区和学校开展问卷调查，设计调查问卷。

（2）对问卷教学统计，撰写调查报告。

（3）小组展示交流。

教学设计

基本信息			
学段	初中	展示单元	八年级上册第四单元
单元整体设计			
单元名称	维护国家利益		

一、单元教学设计说明

本单元引导学生从对社会的认识进一步扩展到国家层面，从国家利益、国家安全与国家发展等方面形成对国家的深刻认识，进而为培养学生关心国家发展、投身国家建设的情感、态度、价值观奠定基础。

本单元旨在引导学生了解国家利益与个人利益的关系，明确了个人要勇于维护国家利益，要养成维护国家利益的意识。在日常生活中，我们要自觉遵守道德和法律、积极维护国家团结稳定的局面。

二、单元目标与重点难点

1. 单元目标

（1）能力目标：学会正确看待社会生活中不同人表现出的国家利益观念和行为，形成在复杂的社会生活中做出正确价值判断和选择的能力。能够正确处理国家利益和个人利益之间的矛盾和冲突，提高社会实践能力。

续表

　　（2）情感态度：合法有序地表达爱国情感，能够主动为维护稳定的社会局面贡献力量。正确处理国家利益与个人利益的关系，树立维护国家利益至上的意识。

2. 单元重点

（1）国家利益是人民利益的集中体现。

（2）国家利益与个人利益具有一致性。

（3）什么是国家安全及国家安全观。

（4）自觉履行维护国家安全的法定义务。

3. 单元难点

（1）国家利益与个人利益的关系。

（2）树立国家利益至上的意识。

（3）树立和认识总体国家安全观。

（4）如何理解国家安全面临的挑战。

三、单元整体教学思路

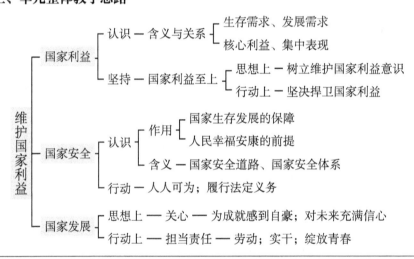

课时教学设计

课题	坚持国家利益至上

一、教学内容分析

　　从八上教材整体看：本框是道德与法治八年级上册第四单元的第八课《国家利益至上》的第二框。通过前三个单元的学习，学生对个人与社会的关系以及个人应当承担的社会责任有了清楚的认识。在此基础上，引导学生从对社会的认识进一步扩展到国家层面，从国家利益、国家安全与国家发展等方面形成对国家的深刻认识，进而为培养学生关心国家发展、投身国家建设的情感、态度、价值观奠定基础。

从内容来看，本框内容接续前一课所学内容，认识到国家利益和个人利益在根本上是一致的，只有维护和实现好国家利益，社会利益和人民利益才能得到保障和实现，在此基础上明确如何坚持国家利益至上。本框内容由两部分组成：在思想上树立维护国家利益的意识，在行动上捍卫国家利益，从而提高正确价值判断和选择的能力。

二、学情分析

　　初中阶段是学生的世界观、人生观、价值观形成的关键时期。在这个阶段，帮助学生形成正确的国家利益观，引导他们正确处理国家利益和个人利益之间的矛盾和冲突，对初中学生的健康成长具有重要意义。学生进入初中阶段后，认知能力和思维水平有了很大的提高，能够开始用联系的、发展的、全面的观点分析国家和社会现象。但是，他们的思想还不成熟，社会经验比较欠缺，对国家利益的认识存在不少误区。

三、目标确定

　　政治认同：能够在生活和学习中自觉维护国家主权、尊严和利益。

　　道德修养：树立正确的国家利益观，增强维护国家利益的责任感和使命感。

　　法治观念：坚持国家利益至上，自觉履行维护国家安全荣誉和利益的义务。

　　健康人格：理解个人和国家的关系，自觉维护国家利益。

　　责任意识：具备国家利益高于一切的观念，能够以实际行动捍卫国家利益和人民利益。

四、学习重点难点

　　重点：在思想上树立维护国家利益的意识，用实际行动捍卫国家利益。

　　难点：用实际行动捍卫国家利益。

五、学习活动设计

环节一：温故而知新（复习《国家好，大家才会好》），补充以下思维导图

教师活动	学生活动
展示思维导图	学生上台填写

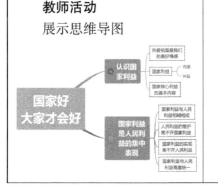

续表

设计意图：通过思维导图的形式，帮助学生建立起完整的知识结构，让学生在梳理知识框架的过程中，达到对上一课知识的巩固复习。

<table>
<tr><td colspan="2" align="center">环节二：道法小剧场——李四的求职之路</td></tr>
<tr>
<td>

教师活动：

选出四名学生代表进行表演。概述：应届毕业生李四正在找工作，由于他经不住高额报酬的诱惑，法律意识淡薄，最终陷入某国间谍叶教授的圈套，涉嫌为境外非法提供军事秘密，被判刑。人物：旁白、警察、李四（一名急需找工作的应届毕业）、叶教授（某国间谍）。道具：服装、手铐、手机。

</td>
<td>

学生活动：

旁白：一天，刚毕业的李四出门找工作，路过一家公司，看到该公司正在招聘。

叶教授：小伙子，找工作吗？

李四：是的。

叶教授：你是哪里人？

李四：我是青岛本地人。

叶教授：哦，那你一定对青岛很熟悉吧！

李四：当然啦，这就没有我不认识的地方！

叶教授：那太好了，我们公司正在做一个"城市规划研究"的项目，主要是需要拍摄一些高质量的城市风景照片，日薪300元。你摄影技术如何？

旁白：李四听了这名招聘者的介绍，心里暗暗窃喜：这样的好事，我当然要把握！李四克制住内心的狂喜，故作淡定地说。

李四：我的拍摄技术，那可不是吹的！曾经×××杂志社想请我去当摄影师来着。

叶教授：那太好了，欢迎你加入我们的项目。

李四：那我具体需要拍摄哪些地方呢？

叶教授：我们的项目刚起步，你就自己看着拍一些本市比较有代表性的地方吧。

李四：那我们加个微信吧！

——李四与叶教授互加微信，握手致谢。

旁白：李四为能找到这样一份轻松的工作感到非常开心，心想：我一定要在老板面前好好表现一番。在回家的路上，李四拍了几组照片发给叶教授。

——（微信叮咚声）李四收到了叶教授的300元转账。

</td>
</tr>
</table>

| | 李四：哇！想不到这么轻松就赚了300元，我可一定要好好把握这个工作！（拿着手机边走边拍）

旁白：这样拍摄工作持续了几天后，李四突然接到了叶教授的电话。

李四：你好！叶教授！

叶教授：李四，看了你的照片，你确实对这个城市很熟悉！

李四：那当然啊！我从小在这里长大，就是一般人不知道的地方我都知道！（自信地笑）

叶教授：那太好了！我们这次的项目涉及军港，你对这方面有了解吗？

李四：实不相瞒，我是个军迷，我还知道我们城市有好几个军港，里面还停了好多军舰呢！

叶教授：哈哈哈，这么巧，我也是个军迷。那看来我是找对人了！这次项目工资是一天1000元呢，不过你要尽量拍得全面一些，细节也要拍到。

旁白：听到要拍军港，李四心里咯噔了一下，这会不会有什么风险啊？但是一想到1000元一天的报酬，李四拍着胸脯说道。

李四：（一边拍胸脯一边说）放心！保证完成任务！

旁白：当天，李四就来到了当地的军港，虽然门口赫然写着"军事禁区，请勿靠近，禁止拍照"，但李四安慰自己，就是拍几张照片而已，没事的。正当李四幻想着自己飞黄腾达的场景之时……

警察：你好！我是青岛市公安局的，我们在调查一起关于泄露国家军事机密的案件，最近和你联系的"叶教授"真实身份是丑国间谍，已被我们控制。你涉嫌为境外非法提供国家秘密，现在请你和我们走一趟，协助调查。（戴上手铐） |

续表

	旁白：就这样，李四被判为境外非法提供军事秘密罪，判处有期徒刑5年。 老师：让我们用掌声感谢这四名同学的倾力演出。 李四、旁白、叶教授回座位。 那么，被抓后的李四怎么样了呢？我们请×警官来说一说！ 警察：李四被抓后非常后悔，我相信同学们看完李四的经历肯定有所触动。接下来，请大家以小组为单位，谈一谈这件事情带给你的启示。

设计意图：创设情境，引发思考。通过创设情境，链接学生真实的生活与经验，引发学生的学习欲望及需求。道德与法治课程要抓住教材中值得探讨的点，结合社会生活案例，引发学生思考。本剧场中几名学生分别扮演不同的角色，将社会中的案例通过小剧场的形式演出来，不仅可以提高学生参与课堂的积极性，还可以引发学生对本课知识的学习欲望与学习需求。

环节三：小组合作——谈谈李四这件事情带给你的启示

教师活动： 合作讨论：谈谈李四这件事情带给你的启示。合作要求：每位组员轮流发言，记录员记录发言内容，推选出小组发言代表。时间：5分钟。	**学生活动：**小组代表发言。通过合作交流，学生们总结出来的观点主要有： ①我们要心怀爱国之情，牢固树立国家利益至上的观念，以热爱祖国为荣，以危害祖国为耻。 ②我们要增强维护国家利益的责任感和使命感。 ③我们要树立和增强危机意识和防范意识。

设计意图：通过小组合作探究，每个学生对课前自学的思考进行反馈，通过小组间交流所想，补充修订，引爆多维的对话与交流。合作结束后，邀请代表汇报展示，班级其他同学补充，老师适时进行追问，并引导学生反思自己在日常生活中是否有类似情况。这不仅是一个群学探究解惑的过程，同时也是思维碰撞的过程。

续表

环节四：警察说事	
教师活动：教师邀请剧场中扮演警官的同学上台展示相关视频。	**学生活动：** **学生展示：** 1. 展示关于网络涉密的调研报告以及视频。 2. 展示美国中情局成立"中国任务中心"的新闻。 3. 警官普法：其中第一、二个展示旨在让学生意识到，当今世界并不太平，影响国家安全和发展的内外因素比历史上任何时候都更复杂。我们要对危害国家利益、威胁国家生存和发展的行为时刻保持警惕。第三个展示旨在让学生认识到，保守国家秘密是一项法律规定的义务。
设计意图：本环节由剧场中扮演警官的学生作为主讲人。第一部分，聚焦网络安全，在网络发达的今天，网络泄密事件时有发生，且很多都是在无意间发生的。本环节通过"警官"的案例分享，让学生意识到，我们在参与网络的过程中，一些无心甚至自以为爱国的轻率行为，都有可能被一些别有用心的国家和敌对分子所利用，我们一定要提高防范意识。第二部分旨在让学生意识到：当今世界并不太平，影响国家安全和发展的内外因素比历史上任何时候都更复杂。我们要对危害国家利益、威胁国家生存和发展的行为时刻保持警惕。	
环节五：小组合作	
教师活动：经"警官"介绍，小剧场中，因涉嫌为境外非法提供军事秘密被判刑的李四近期刑满释放了，成为一名国外品牌鞋主播。由于正值有国外言论恶意诋毁我国产品的事件发生，李四在直播间被网友骂哭，并要求他下架所有产品。为此，有两名同学对该事件产生了不同的看法。 小组讨论后，教师总结。	**学生活动：** 甲同学：这些网友的爱国热情值得肯定。抵制国外品牌也是一种爱国的表现。 乙同学：爱国不是简单的抵制，网友这么做是不理智的行为。 小组探讨：对以上观点进行评价，就如何正确表达爱国情感谈谈自己的看法。

续表

设计意图：本环节通过具体事例，以小组合作的方式展开辨析活动，通过激烈的观点交锋，逐步澄清错误认识，引领学生认识到我们要合法有序地表达爱国情感。由于学生容易受社会影响而形成非理性的认识，教师在群学交流过程的追问环节，既要接纳学生在表达爱国情感上的不同方式，又要注重引导学生思考，对其思维活动进行监控与点拨，从而理解真正的爱国。我们要充分利用国家发展为我们成长提供的良好条件，刻苦学习，提高素质，努力掌握维护国家利益的能力。

<table>
<tr><td colspan="2" align="center">环节六：展示本地特色文化材料
视频升华【连州历代先贤故事——黄匪躬：志大忧国，岂能顾家】</td></tr>
<tr><td>教师活动：播放视频关于连州先贤——黄匪躬的故事。
提问：你从黄匪躬的言行中得到什么启发？</td><td>学生活动：
学生回答：这是一种坚持国家利益至上的行为，用实际行动捍卫了国家利益，我们也要向他学习。</td></tr>
<tr><td colspan="2">设计意图：通过身边的例子，学生知道坚持国家利益至上的重要性，不仅要树立这种意识，更要在生活中践行。</td></tr>
</table>

六、课堂小结

世界上从来就没有身穿白衣的天使，也没有从天而降的英雄，只有挺身而出，舍小家为大家的平凡人。作为新时代的你们，有着广阔的发展空间，同时也肩负着时代赋予的责任和使命，希望你们能将自己的理想与民族的兴旺、国家的富强紧密联系在一起，同时做一名国家利益的坚定捍卫者。

七、板书设计

坚持国家利益至上

坚持国家利益至上
- 思想上：树立意识
- 行动上：坚决捍卫

八、作业与拓展学习设计

★基础训练★

1. 下列关于国家利益和人民利益的说法不正确的是（　　）

A. 人民利益是国家利益的集中表现

B. 国家利益与人民利益相辅相成

C. 国家利益涉及政治、经济、文化等多个领域

D. 在当代中国，国家利益和人民的利益是高度统一的

2. 中华人民共和国成立后，钱学森放弃国外优越的生活与工作条件，历尽千难万险，回到祖国的怀抱，投身于祖国的建设中。钱学森的做法表明了（　　）

A. 他对祖国有着深厚的情感

B. 我国是发达国家，可以吸引大量的人才归国

C. 只有回到祖国，才能展现自己的才华

D. 我国非常重视科技人才

3. 维护国家利益是每个公民的基本义务，我们要牢固树立国家利益至上的观念。下列属于国家利益内容的有（　　）

①安全利益　②政治利益　③个人利益　④团体利益

A. ①③　　　　　B. ①②　　　　　C. ②③　　　　　D. ②④

★能力提升练★

材料一：当地时间2023年12月22日，美国总统拜登将"2024财年国防授权法案"签署成法，该法案包含涉华消极条款。如法案授权美国国防部与台湾当局建立军事网络安全合作机制，共同应对网络威胁和攻击，提升台湾的网络防御能力等。对此，中国外交部发表声明表示坚决反对，指出该法案违反一个中国原则，并向美方提出严正交涉。

（1）美国总统签署的"2024财年国防授权法案"，危及了我国哪些国家核心利益？

材料二：针对美方2023年8月23日宣布5亿美元对台军售案，中国外交部发言人24日在例行记者会上敦促有关方面停止借任何名义、以任何方式加强美台军事联系和武装台湾。这句简短的话语，表达了中国政府维护国家核心利益的坚定态度和决心。

续表

（2）为什么要坚决捍卫国家的核心利益？

拓展作业

开展国防意识调查。

九、教学反思与改进

　　本节课采用小剧场的形式，可以使学生更加直观地进入创设的情境当中，不仅能引发学生思考，还能调动学生参与课堂的积极性。本节课采用的教学方法有：情境教学法、合作探究法、辩论式教学法，使学生通过体验、表达、反思、交流等形式，让学生成为课堂的主体。本节课在教学过程中以"李四的求职之路"为线索贯穿，通过"道法小剧场""小组合作""警官说事"三块内容分别从思想和行为上阐明如何坚持国家利益至上，旨在帮助学生懂得坚持国家利益至上所需要的思想意识和行动要求。在最后一个视频升华环节，通过播放连州本土先贤故事的视频，让学生在爱国情感上产生共鸣，将课堂所学内化为自身的感受。本节课基本达到了课前所设置的教学目标。

　　本节课需要改进的地方：一方面，活动环节过多，因此没有及时对核心知识点加以强化。另一方面，基于在信息技术环境下实施教育教学工作这一背景，还要更好地发掘、利用好信息技术的优势，组织学生进行研究性、深入性学习，从而提升学生的综合素养。

二、以身许国　牢记使命——冯达飞

冯达飞在红军时的照片

冯达飞（1901.7.31—1942.6.8），原名冯文孝，又名冯国琛，字洵，广东省连县东陂（今连州市东陂）镇人，1926年加入中国共产党。冯达飞是土地革命战争时期和抗日战争时期我军的杰出将领、优秀共产党员，他先后任红七军二纵队二营营长、五十八团团长，红八军代理军长，新四军教导总队副总队长兼教育长、新二支队副司令员等职，是新四军的一位高级指挥员。"皖南事变"中他不幸被捕，次年在上饶壮烈牺牲。

（一）早年经历　立志报国

冯达飞在1908年7岁时入私塾，后入芝兰小学和文望高级小学，1918年考入连县县立中学。中学毕业后，他考入广东省陆军测绘学校，继入西江讲武堂，毕业后在粤军任中尉军官。1924年，冯达飞入黄埔军校第一期学习，受中共革命教育影响，学习马列主义。1925年，冯达飞受中共党组织派遣赴苏联入莫斯科高级航空学校及陆军大学深造，毕业后又转赴德国炮科研究院将校组学习。

（二）以身许国　践行使命

冯达飞在1927年12月秘密参加广州起义，1928年秋在广西南宁进行党的秘密工作。1929年12月，冯达飞参加了由陈豪人和张云逸等领导的著名的百色起义。他历任红七军二纵队二营营长、纵队司令员。

1930年11月，红七军整编后，冯达飞任二十师五十八团团长，后兼任教导队队长。1931年1月下旬，邓小平、张云逸、李明瑞率领红七军到达连县，冯达飞在家乡东陂宣传中共的主张和政策，赢得了父老乡亲的信任、拥护和支持。接着部队攻占县城连州，驻防七天，一方面安置伤病员在惠爱医院治疗，一方面筹集光洋4万元，以及大批粮食、生猪、布匹和药材等，充实部队给养，之后向湘赣边进军。1931年秋，红七军和中央红军汇合，冯达飞历任红军大学四分校校长、独立师师长、红八军代理军长等职。1934年，冯达飞参加长征，到达延安后任抗日军政大学四大队、二大队大队长。

1938年，冯达飞调派至新四军皖南军部，任教导总队教育长，后任副总队长。"皖南事变"前夕，他调任新四军新二支队副司令员。1941年1月国民党反动派制造了震惊中外的"皖南事变"，事变中冯达飞经艰苦战斗、奋勇突围后负伤，隐藏于皖南南陵县铜城街群众家中，被敌发现不幸被捕。在狱中，冯达飞继续与敌人进行不屈不挠的斗争。

起初，蒋介石得知冯达飞是黄埔军校精英，便派遣国民党第三战区政治部主任邓文仪以黄埔同学的身份设宴款待冯达飞，对其进行劝降。邓文仪对冯达飞说："无论怎么说，我们都是蒋校长的学生，只要你抛弃俄国人宣扬的共产主义，重新回到蒋校长身边，精诚合作，一切都好说。"冯达飞义正词严地说："你们既然晓得我是黄埔军校毕业的，可见我反对蒋介石并不是盲目的，我到过苏联，可见我晓得共产主义是怎么回事，那么还有什么可说的呢？"

敌人先将冯达飞押于上饶西山监狱，继之送上饶集中营七峰岩监狱囚禁，并钉上两副脚镣；后冯达飞又被转至上饶盘石渡国民党第三战区军法执行总监部看守处监禁。1942年5月，冯达飞再被转至茅家岭监狱关押；6月8日，国民党反动派第三战区政治部专员室，把冯达飞等12位革命志士一起枪杀于茅家岭一个小山坡下（今茅家岭上饶集中营革命烈士陵园的烈士就义纪念处）。冯达飞牺牲时仅41岁。

（三）空军先驱　后人缅怀

1959年春，陈毅元帅在广州罗浮山疗养院遇见该院院长——冯达飞当年的警卫员覃恩忠时，深情地说："冯达飞是个人才，多才多艺，文武双全。"他还说，当年毛主席得知冯达飞的事迹后，连声叹息"人才难得，可惜"！

2017年11月3日，广东连州籍烈士冯达飞的名字被镌刻上人民空军英烈墙，并且排在了名单的第一部分——"人民空军成立前"。

2017年11月12日，"冯达飞烈士英名上墙纪念仪式"和"纪念冯达飞烈士追思会"相继在中国航空博物馆举行，众多革命后代、各级领导和热爱烈士的人们相聚一起，共同缅怀冯达飞这位曾经驾驶从国民党军队缴获的飞机从福建漳州飞抵中央苏区，有着传奇人生经历的烈士。

德文化感悟

1."天下兴亡，匹夫有责"是亘古不变的命题，不论过去、现在，还是未来。"先忧后乐"的家国情怀是支撑国家发展的强劲动力。冯达飞的感人故事，让我们身临其境地感悟英雄的事迹，历史瞬间在这里凝固，一幅幅画面增强了历史氛围感，鲜活地树立起一座座不朽的精神丰碑。连州的红色革命，也如壮丽的史诗画卷般引领我们抚摸历史、感悟心灵，感受红色文化，接受红色传统教育，为我们青少年学生点燃心底的家国情怀。

2."苟利国家生死以，岂因祸福避趋之。"从古至今，正因为人们有先忧后乐的以天下为己任的家国情怀，国家才得以发展，社会才得以繁荣。在当代，"天下兴亡，匹夫有责"这句格言被赋予了新的内涵。在国家处于危难时刻，我们要坚定地为国分忧，勇担重任。与国家共渡难关是我们义不容辞的责任，我们青少年肩负着重铸民族辉煌的重任，努力使中华民族振兴在我们坚持不懈的奋斗下成为现实。

德文化互动

1.了解冯达飞的英勇事迹后，请同学们说说得到了什么启发。

2.请同学们看一部红色电影，写一篇观后感。我们中学生也要学习这种精神，牢记空谈误国、实干兴邦。在为伟大祖国取得的辉煌成就感到由衷的骄傲和自豪的同时，我们也应该为肩负起实现中华民族伟大复兴中国梦的光荣使命，众志成城，脚踏实地，共同奋斗。

3.结合道德与法治八年级上册第十课第二框《天下兴亡，匹夫有责》关心国家发展的内容进行小组合作。活动步骤：

（1）讨论主题和分组；

（2）每个小组负责一个主题，分别收集、整理相关材料；

（3）采用视频短片或PPT的形式进行展示与分享；

（4）评选优秀小组。

教学设计

基本信息			
学段	初中	展示单元	八年级上册第四单元
单元整体设计			
单元名称	维护国家利益		

一、单元教学设计说明

　　青少年作为国家的未来，肩负着建设美好国家，实现中华民族伟大复兴中国梦的历史责任，这就特别需要学生关心国家发展，充分认识到国家取得的成就与面临的问题，增强自豪感、紧迫感，坚定发展的信心。现实中，部分学生由于过于重视学习成绩，缺乏主人翁精神，对国家发展认识不够，使命感不强。同时，也有部分学生虽然非常关心国家大事，但是存在片面认识。他看不到国家的巨大变化，只看到现实中的问题，不能认为这是发展中的问题，感受不到国家正在积极解决这些问题。因此，引导学生用全面发展的眼光看待国家发展中取得的成就与存在的问题十分必要。

　　今天的成就由劳动实现，未来的辉煌更需要实干创造，中国梦需要包括青少年在内的所有人通过劳动、实干来实现。但在现实中，很多学生没有真正接触劳动，对劳动的意义、价值认识不足，甚至出现轻视劳动等片面思想。因此，引导学生感受劳动、实干的价值和意义，树立劳动意识十分必要。

　　全面认识国家的发展，从初中生角度认识祖国的发展，正视发展中的问题，理解自己与国家的密切关系，关心祖国的发展，为将来投身国家建设奠定认识基础。

二、单元目标与重点难点

　1. 单元目标

　　（1）能力目标：学会正确看待社会生活中不同人表现出的国家利益观念和行为，形成在复杂的社会生活中做出正确价值判断和选择的能力。能够正确处理国家利益和个人利益之间的矛盾和冲突，提高社会实践能力。学会关心国家的发展，正视发展中的问题。

　　（2）情感态度：合法有序地表达爱国情感，能够主动为维护稳定的社会局面贡献力量。正确处理国家利益与个人利益的关系，树立维护国家利益至上的意识。发扬实干精神、工匠精神。

　2. 单元重点

　　（1）国家利益的作用。

　　（2）国家利益与个人利益具有一致性。

续表

（3）什么是国家安全及国家安全观。

（4）自觉履行维护国家安全的法定义务。

（5）劳动是财富和幸福的源泉，今天的成就来源于辛勤的劳动；每个岗位的劳动者都是国家的建设者，都值得尊重和学习。

3. 单元难点

（1）国家利益与个人利益的关系。

（2）树立国家利益至上的意识。

（3）认识和树立总体国家安全观。

（4）如何理解国家安全面临的挑战。

（5）只有发扬实干精神，才能创造新的辉煌；青少年要努力学习，积极探索，做学习者、劳动者、奉献者。

三、单元整体教学思路

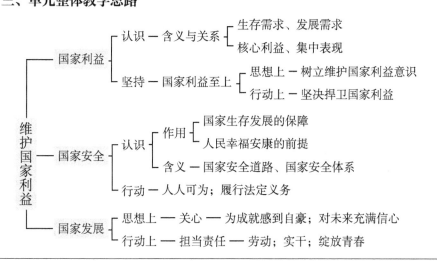

课时教学设计

课题	天下兴亡 匹夫有责

一、教学内容分析

《天下兴亡 匹夫有责》是道德与法治八年级上册教材第四单元第十课《建设美好祖国》的第二框内容。上节课中，学生已了解国家所取得的巨大成就。在此基础上，学生进一步认识到劳动的重要性，明确只有发扬实干精神才能取得成功，从而培养学生热爱劳动、尊重劳动的品质，发扬实干精神，脚踏实地地从现在做起，努力学习，不断提高自身素质，担负起历史重任，绽放青春的光彩。

续表

二、学情分析

今天的成就是由劳动实现的，未来的辉煌更需要实干创造，中国梦需要包括青少年在内的所有人通过劳动、实干来实现。但在现实生活中，有的学生很少接触真正的劳动，对劳动的意义、价值认识不足，以至于轻视劳动，有的甚至对某些岗位的劳动有歧视、厌烦等错误态度。也有部分学生认为，美好的未来自然会实现，对只有辛勤劳动、艰苦付出才能实现梦想认识不足，从而缺乏实干精神，不能脚踏实地、埋头苦干。还有部分学生不能认识青少年自身的责任，总觉得国家的发展是成人的事情、是未来的事情，很难从我做起，从现在做起。

基于以上学情分析，本节课将引导学生体会理解创新的重要，感受劳动、实干的价值与意义，树立尊重劳动的意识，发扬实干精神，明确自己的历史重任。

三、目标确定

文化素养(知识素养)：

1. 知道国家所取得的成就离不开广大人民的劳动。

2. 懂得把中国梦变成现实，创造未来的美好生活，需要每个人在自己的工作岗位上付出更多的辛勤和汗水。

能力素养(业务素养)：

1. 能力目标：通过收集材料和辩论，引导学生感知国家建设成就，认识到劳动的重要性，明确踏实肯干才能取得成功，激发他们科学探索的热情，为实现中国梦做出自己的贡献。

2. 情感态度：端正对劳动及劳动者的正确认识，尊敬和学习国家的建设者，树立为实现中国梦而努力学习的情感。

四、学习重点难点

重点：尊敬和学习国家的建设者。

难点：实干才能创造未来。

五、学习活动设计

环节一：利用本土红色故事引入新课

教师活动：	学生活动：
多媒体展示本地特色文化材料：连州红色故事——"以身许国，牢记使命——冯达飞" 思考：从冯达飞的故事中得到什么启示？	学生讨论交流回答：他爱国、无私奉献、艰苦奋斗。

设计意图： 通过用身边的红色故事导入，学生设身处地感受"天下兴亡，匹夫有责"的爱国思想和情感。	

环节二：领略劳动者故事，涵养劳动品格	
教师活动： 播放《劳动者的 24 小时》（提醒学生留意视频中出现的劳动者），提出设问：如果要你选一个最美劳动者作为劳动纪录片的主角，你会选择谁呢？为什么？ **师生总结：** 国家的发展是由无数劳动者共同创造完成的。每个劳动者的艰苦奋斗，成就了我们今天美好的生活。	**学生活动：** 学生各抒己见。
设计意图： 通过视频，让学生设身处地回顾自己生活中见到的劳动者的画面，再借此设置合作探究任务，以此引导学生感受不同职业的劳动者，在各自岗位上兢兢业业、艰苦奋斗、无私奉献的精神。通过评选最美劳动者，引导学生明白每个人所在的岗位不同，但都是在为国家和社会发展做贡献，无论是脑力还是体力劳动者，都是国家的建设者，都是值得我们尊敬和学习的。	

环节三：聆听工匠故事，感悟广东实干精神	
教师活动： 请小组成员上台分享课前收集的广东工匠的故事。 **思考：** 这种广东精神发挥着怎样的作用？	**学生活动：** 小组成员依次分享区域最美劳动者都为广东的建设做出了哪些突出的贡献，都发扬了实干进取的广东精神。
设计意图： 通过分组阐述南粤工匠的故事，把课堂还给学生，充分发挥学生的主体作用，让学生在参与课堂活动的过程中，自然而然地感悟广东"敏于行"的时代精神和"务实能干"的文化底蕴，既增强学生对广东精神的理解和感悟，又传递实干精神的重要意义，为第四个环节，引导学生将实干精神落实到行动中的教学目标做铺垫。	

环节四：强化责任意识，共筑伟大中国梦	
教师活动： （1）调查显示，年级里还有近20%的学生认为实现中国梦是国家的事情，学生无能为力。请你对此观点进行辨析。 （2）让学生拟写倡议书，落实行动。	**学生活动：** （1）辨析观点，各抒己见。 （2）写倡议书。

续表

设计意图： 本环节立足于学生实际，通过辨析观点、拟写倡议书的形式，借助学生的力量帮助解决其他学生出现的思想困惑和行动阻碍问题，利用同辈效应，强化教学效果；让学生真切地感受自己与祖国之间是紧密相连的，将教学内容回归到"天下兴亡，匹夫有责"的主题上。	
环节五：总结升华，提升课堂效果	
教师活动： 播放《我和我的祖国》。 **教师总结：** 少年兴则国家兴，少年强则国家强。我们是祖国的未来，更应无畏艰辛、埋头苦干、奋发向上，与祖国共赴时代之约，共同谱写时代新篇章。	**学生活动：** 学生观看并齐唱。
设计意图： 通过唱响爱国歌曲，教师寄语并进行情感升华，强化学生的爱国情感，引导同学们在生活中发挥劳动精神、工匠精神、爱国精神。	

六、板书设计

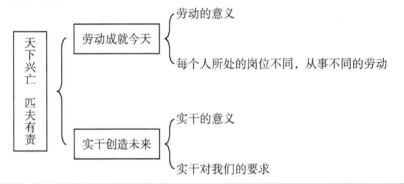

七、作业与拓展学习设计

★基础训练★

1. 教育部新修订的《义务教育课程方案和课程标准（2022年版）》将劳动教育作为学生的必修课。国家重视对学生的劳动教育说明（　　）

①劳动是幸福的源泉　　②劳动是中学生的首要任务

③劳动是财富的源泉　　④劳动能成就中学生的一切

A. ①②　　　　　　B. ①③　　　　　　C. ②④　　　　　　D. ③④

2. 从2022年秋季学期开始，劳动课将正式成为中小学的一门独立课程。该课程强调学生直接体验和亲身参与，从中习得劳动知识与技能，感悟劳动的价值。作为中学生，我们应该（　　）

①尊重劳动，珍惜劳动成果

②参加劳动锻炼，培养劳动习惯

③树立脑力劳动比体力劳动更重要的意识

④将主要的时间精力都投入到劳动实践中

A. ①②　　　　　B. ①③　　　　　C. ②④　　　　　D　③④

3. 中国共产党带领我国亿万人民经千难而百折不挠、历万险而矢志不渝，迎来了从站起来、富起来到强起来的伟大飞跃，胜利实现了第一个百年奋斗目标，正意气风发向着第二个百年奋斗目标迈进。在向第二个百年奋斗目标奋进的今天，我们应该（　　）

①努力成为脑力劳动者，为国家和社会作更多贡献

②为祖国的成就感到自豪，对祖国的未来充满信心

③继续发扬实干精神，用我们的劳动创造新的辉煌

④以执着的信念、过硬的本领，担负起历史的重任

A. ①②③　　　　B. ①②④　　　　C. ①③④　　　　D. ②③④

★能力提升练★

材料一：2018年五一国际劳动节来临之际，习近平总书记给中国劳动关系学院劳模本科班学员回信，向全国广大劳动者致以节日的问候。习近平总书记在信中说：劳动最光荣、劳动最崇高、劳动最伟大、劳动最美丽。全社会都应该尊敬劳动模范、弘扬劳模精神，让诚实劳动、勤勉工作蔚然成风。

材料二：习近平总书记在信中还说：社会主义是干出来的，新时代也是干出来的。希望你们珍惜荣誉、努力学习，在各自岗位上继续拼搏、再创佳绩，用你们的干劲、闯劲、钻劲鼓舞更多的人，激励广大劳动群众争做新时代的奋斗者。

（1）从材料一中，你体会到了什么？

（2）结合材料二，习近平总书记的话对我们有哪些启发？

拓展作业

请发扬实干精神，纵观国家近十年的发展成就，观看党的二十大会议，结合社会调查的形式，总结国家的发展成就，同时尝试帮助国家发现并提取发展中存在的问题，以及提出建议，助力中国梦的实现。

续表

八、特色学习资源分析、技术手段应用说明 1. 素材的选取有讲究 整个教学环节，侧重立足连州本土"德"文化资源，从冯达飞的故事，进行认知、感悟爱国情感的优秀品质，深挖素材，一材多用、一用到底、一线贯通，将知识与情感体验回归到学生身边的真实生活中，用同龄伙伴的故事启发学生，产生共鸣，让学生从身边的故事去感悟民族精神。 2. 技术运用创新 运用多媒体的视频功能和"希沃白板"的放大镜、拍照上传等功能，有效辅助教学，激发学生的学习兴趣。
九、教学反思与改进 本课以"精神传递"为主线，立足广东，弘扬实干精神、广东精神；立足国家，强化责任意识，以发扬国家精神为辅线进行交织，以小见大，从学生的生活入手，再逐步上升到国家发展，最后以"天下兴亡，匹夫有责"的爱国精神为落脚点，与开头相呼应。本课在教学中具有以下几方面的特点： 1. 立足调查，充分了解学情。 2. 尊重学生，发挥主体作用。 3. 紧扣目标，发展核心素养。 4. 形式多样，增强课堂效果。 5. 注重评价，促进学生发展。 **改进设想：** 1. 检测难度大，难以评估学习过程。 2. 表现性任务多，对学生综合要求高。 3. 结合学生实际，设计"我身边的劳模"问卷调查。

三、传承红色 弘扬精神——红军节

(一) 建红军墓 至今仍祭

瑶安瑶族乡是广东省7个少数民族乡之一，田心村是该乡的一个瑶族村寨，也是广东省"红色根据地"革命老区。

1934年底，红五军团三十四师余部从桂湘边界蓝山撤到连县（今连州）瑶族山区。1935年初，红军90余人在小东口休整后，由杨海如团长率领到田心牵牛岭宿营。时值隆冬，雨雪交加，饥寒交迫。第二天上午，数倍于我军的敌人跟踪追到牵牛岭。敌人人多、枪好，发起了猛烈冲锋。红军战士不顾连日劳累，依靠有利的地形把敌人压制在山下。战斗十分激烈，从上午打到傍晚，敌人被我军击毙10余人，伤一批，最后撤回洛阳。我军不幸牺牲6人，其余当晚翻过大山，转移至临武坪溪洞。次日，田心村村民在牵牛岭战场找到6名牺牲的红军战士遗体，随后把他们合葬在一起，之后此处成了如今该村的红军烈士墓，至今已有89年的历史。

(二) 建"红军节" 传承精神

那座红军烈士墓，安静地躺在田心村的山岭上，见证着村子日新月异的变化。2017年农历五月初九，田心村对红军墓进行了修葺。村主任介绍说："从那年起，我们村就决定，把每年的农历五月初九定为'红军节'，进一步纪念红军烈士，传承和发扬优秀的革命精神。"

每到农历五月初九"红军节"，亲朋好友便齐聚田心村。"回来过'红军节'，既是与亲人叙旧，看看家乡的变化，同时感受这里的红色记忆。"外嫁女赵任莲说。上午9时许，近百名村民与游客前往位于牵牛岭的红军烈士墓进行祭扫，送上花圈。在红军烈士墓前，田心村的党员还要庄严地举行重温入党誓词活动。"我们生活在安定和平的年代，这是革命先烈们用鲜血和生命换来的，我们要珍惜这来之不易的幸福生活。"赵任莲说。祭拜红军烈士后，田心村的瑶族同胞还会以瑶歌瑶舞的形式，欢迎亲朋和游客的到来。

"我们举办'红军节'，就是为了纪念、缅怀当年为祖国牺牲的红军革命烈士，告诫村民要珍惜今天美好生活来之不易，牢记红军的大无畏奉献精神。"李六旺说，由此号召村民齐心协力建好美丽家园。

近年来田心村通过举办"红军节"，让村民对家乡的红色故事有了更多的了解，也向外界宣传、推介了田心村的红色历史，有利于号召村民齐心协力建设美丽家园。"今后，我们还将力争把田心村红军烈士墓扩建成红军烈士纪念园，使之成为爱国主义教育基地。"李六旺说。

瑶安瑶族乡有着悠久的红色基因，在土地革命战争时期，数支红军部队曾战斗在这一带，开创了红色根据地。现在，瑶安乡的田心等19个村被广东省政府确立为"红色根据地"革命老区，进一步传承红色文化。

德文化感悟

1. 保护好红色资源，研究好光辉历史，才能让红色基因不断传承下去。讲好红军故事，铭刻红色记忆，既是弘扬伟大长征精神的重要内容，也是走好新时代长征路的精神力量。因此，传承红色文化和弘扬红色精神对党的思想建设和中华民族的伟大复兴具有实际意义。

2. 文化是一个国家、一个民族的灵魂，坚定文化自信，是事关国运兴衰、事关文化安全、事关民族精神独立性的大问题。中学生应加强自身的思想道德建设，树立民族意识，以弘扬中华优秀传统文化的传承为己任。

德文化互动

1. 如果你与同学们去瑶安民族乡田心村的红军烈士墓扫墓，请你写一篇扫墓主持词，并与同学们分享。

2. 根据材料、历史和当地实际，说说瑶安乡成立"红军节"的意义。

教学设计

基本信息			
学段	初中	展示单元	九年级上册第三单元
单元整体设计			
单元名称		文明与家园	

一、单元教学设计说明

　　本单元核心素养着重考查以下方面：对于中国特色社会主义文化、中华传统美德、中华民族精神和社会主义核心价值观的价值认同度，在文化自信和价值观自信方面的认同度，对于文化发展的使命感和民族复兴的责任感，对于塑造个人文化品格的自觉性。关于"能力目标"的评价，要着重考查以下方面：收集各种典型文化材料的能力；从历史唯物主义的角度辩证地看待文化传承与发展的能力；从日常生活做起，塑造品格，做文化的传承者、弘扬者、创新者的能力；在日常复杂的社会环境中对于各种价值观给予理性、客观评价的能力。关于"知识目标"的评价，主要考查学生是否了解中华文化、中华传统美德、中华民族精神、社会主义核心价值观，是否认识到它们与民族发展之间的内在联系以及对于实现中华民族伟大复兴的重要性。

二、单元目标与重点难点

　　1. 单元目标

　　（1）素养目标：

　　政治认同：增强中华文明的认同感和自豪感，坚定文化自信，形成对家乡和民族的认同。

　　道德修养：培育爱国、敬业、诚信、友善的社会主义核心价值观。

　　法治观念：初步了解有关生态的法律，自觉遵守生态文明规则，具有环保意识和一定的保护环境的能力。

　　责任担当：有社会责任感，勇于担当，践行社会主义核心价值观；具有现代生态文明观，践行绿色生活方式，自觉保护环境。

　　（2）情感、态度、价值观目标：

　　感受中华文化的魅力，热爱中华文化，传承中华传统美德，弘扬民族精神，践行社会主义核心价值观；树立人与自然和谐共生的基本理念，增强建设美丽中国、走绿色发展道路的态度认同，增强生态文明建设的使命感和责任感。

续表

（3）能力目标：
提高对中华文化的认知和运用能力，并能作出符合文化自信要求的判断和选择；领悟人与自然和谐共生的真谛，能用实际行动践行绿色生活理念。
（4）知识目标：
了解中华文化的特点、中华传统美德的力量、中华民族精神的价值、社会主义核心价值观的内涵及其意义；了解我国人口、资源、环境的现状，理解计划生育基本国策、节约资源和保护环境的基本国策，理解人与自然和谐共生和绿色发展道路。
2. 单元重点
理解中华文化的特点，传承和践行中华传统美德，弘扬民族精神，培养和践行社会主义核心价值观；坚持走绿色发展道路，建设生态文明，共筑生命家园。
3. 单元难点
理解中华文化的价值、中华民族精神的价值；理解人与自然和谐共生的关系。

三、单元整体教学思路

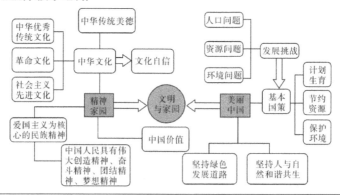

课时教学设计

课题	凝聚价值追求

一、教学内容分析

　　"凝聚价值追求"是道德与法治九年级上册第五课《守望精神家园》第二框的内容。本框主要从民族精神的意义和价值出发，让学生理解中华民族精神的内涵与品格，进而自觉传承和弘扬民族精神，重视对社会主义核心价值观的培育和践行，增强对中国特色社会主义文化的价值认同与自信。

二、学情分析

　　初中生正处于世界观、人生观、价值观形成的关键时期，使学生弘扬民族精神，自觉培育和践行社会主义核心价值观，对学生的健康成长具有重要意义。本课包含两个核心概念——民族精神和社会主义核心价值观，二者对学生来说都很熟悉。符合本课内容的典型人物和事迹，学生在语文课文学习或各种活动中，都有很多的了解，因此在理解上难度不大。本课时重在帮助学生挖掘这些典型人物身上的共性，由感性认知上升为理性认知，从而更好地进行情感、态度、价值观的教育。

三、教学目标

　　1. 知识目标：理解中华民族精神、价值观、社会主义核心价值观的内涵；了解民族精神具有与时俱进的品格及在不同历史时期的不同表现。

　　2. 能力目标：体会伟大的民族精神和社会主义核心价值观的重要作用；提高对材料的阅读、分析能力和知识运用能力。

　　3. 情感、态度、价值观目标：增强民族文化的认同感，以实际行动践行中华民族精神和社会主义核心价值观。

四、学习重点难点

　　教学重点：如何传承和弘扬伟大民族精神？

　　教学难点：怎样培育和践行社会主义核心价值观？

五、学习活动设计

教学环节	教师活动	学生活动	设计意图
导入	**视频导入**：观看视频——东京奥运会38金的激动时刻！ **思考**：你看到了什么精神所在？ **总结**：以爱国主义为核心的团结统一、爱好和平、勤劳勇敢、自强不息的伟大民族精神；高扬民族精神。	学生观看视频，思考问题。	引入新课，激发学生的学习兴趣。

续表

	合作探究	学生结合材料，共同探讨民族精神的内涵。	快问快答让学生快速进入状态，结合丰富的材料，从不同角度让学生理解民族精神的深刻而丰富的内涵。明确延续精神血脉，弘扬伟大精神，对我们青少年有何启示。
活动一：活学活用——知识连线	2020年10月23日上午，纪念中国人民志愿军抗美援朝出国作战70周年大会在北京人民大会堂隆重举行。铭记，是为了勇毅前行。我们要铭记抗美援朝的艰辛历程和伟大胜利，永续传承、世代发扬伟大抗美援朝精神。回首70年，抗美援朝精神同红船精神、井冈山精神、长征精神、延安精神、载人航天精神、抗疫精神一同熔铸为伟大的中华民族精神，在风雨兼程的征途中，我们只有延续精神血脉、弘扬伟大精神，才能凝聚起同心筑梦的磅礴力量，向着实现中华民族伟大复兴的中国梦，继续奋勇前进！ **引导学生合作探究问题：** （1）请根据所学知识，写出伟大中华民族精神的内涵。 （2）为什么"只有延续精神血脉、弘扬伟大精神，才能凝聚起同心筑梦的磅礴力量"？ （3）延续精神血脉、弘扬伟大精神，对我们青少年有何启示？		
活动二：理论联系实际	**老师展示本地特色文化材料：建"红军节"，传承精神。** 瑶安瑶族乡是广东省7个少数民族乡之一，田心村是该乡的一个瑶族村寨，也是广东省"红色根据地"革命老区。	观看材料，让学生小组讨论： 1. 如果你与同学们去瑶	增强学生的爱国情感，明白保护好红色资源，研究好光辉历史，让红色基因不断传承下去的重要性。讲好红军故事，铭刻红色记忆，既是弘扬

	1934年底，红五军团三十四师余部从桂湘边界蓝山撤到连县（今连州）瑶族山区。1935年初，红军90余人在小东口休整后，由杨海如团长率领到田心牵牛岭宿营。时值隆冬，雨雪交加，饥寒交迫。第二天上午，数倍于我军的敌人跟踪追到牵牛岭。敌人人多、枪好，发起了猛烈冲锋。红军战士不顾连日劳累，依靠有利的地形把敌人压制在山下。战斗十分激烈，从上午打到傍晚，敌人被我军击毙10余人，伤一批，最后撤回洛阳。我军不幸牺牲6人，其余当晚翻过大山，转移至临武坪溪洞。次日，田心村村民在牵牛岭战场找到6名牺牲的红军战士遗体，随后把他们合葬在一起，之后成了如今该村的红军烈士墓，至今已有89年的历史。 2017年农历五月初九，田心村对红军墓进行了修葺。村主任介绍说："从那年起，我们村就决定，把每年的农历五月初九定为'红军节'，进一步纪念红军烈士，传承和发扬优秀的革命精神。""我们举办'红军节'，就是为了纪念、缅怀当年为祖国牺牲的红军革命烈士，告诫村民要珍惜今天美好生活来之不易，牢记红军的大无畏奉献精神"，李六旺说，由此号召村民齐心协力建设美丽家园。	安瑶族乡田心村的红军烈士墓扫墓，请你写一篇扫墓主持词，并与同学们分享。 2. 根据材料、历史和当地实际，说说瑶安乡成立"红军节"的意义。 派代表发言，结合社会和自己的实际情况，并融入课本的相关知识，各抒己见，谈谈我们作为青少年应该如何传承民族精神。	伟大长征精神的重要内容，也是走好新时代长征路的精神力量。因此，传承红色文化和弘扬红色精神对党的思想建设和中华民族的伟大复兴具有实际意义。

续表

课堂 小结	展示思维导图，进行小结。中国精神是民族精神和时代精神的集中体现，社会主义核心价值观是当代中国精神的集中体现。		

六、板书设计

七、作业与拓展学习设计

★基础训练★

1. 近年来，全国各地多措并举推进社会主义核心价值观进教材、进课堂、进头脑，通过对价值内涵上认知、思想感情上认同、学习生活中践行，让社会主义核心价值观深入广大师生内心深处。这是因为社会主义核心价值观（　　　）

①是实现中华民族伟大复兴的唯一价值引领

②促进人的全面发展、引领社会全面进步

③凝结着全体中国人民共同的价值追求

④是中华民族精神的核心所在

A. ①② 　　　 B. ②③ 　　　 C. ①④ 　　　 D. ③④

2. 社会主义核心价值观是以习近平同志为核心的党中央从新时代坚持和发展中国特色社会主义、实现中华民族伟大复兴的中国梦出发，提出的重大战略思想。下列对社会主义核心价值观的表述中正确的有（　　　）

①培育和践行社会主义核心价值观要与日常生活紧密联系起来

②社会主义核心价值观是当代中国人评判是非曲直的价值标准

③社会主义核心价值观是当代中国精神的集中体现

④植根于中华文化沃土的社会主义核心价值观与世界其他文明是格格不入的

A. ①②③ 　　　 B. ①②④ 　　　 C. ①③④ 　　　 D. ②③④

续表

3. 2020年8月11日，为了隆重表彰在抗击新冠肺炎疫情斗争中作出杰出贡献的功勋模范人物，习近平签署主席令，授予钟南山等4人"共和国勋章"、"人民英雄"国家荣誉称号。此举是为了（　　）

A. 鼓舞人民斗志，弘扬改革精神　　B. 夯实法治基石，维护荣誉尊严

C. 发挥榜样力量，营造人人为我　　D. 表彰先进模范，弘扬中国精神

4. 年过七旬的李兰娟院士战斗在武汉抗疫第一线，她在一次接受采访时说："疫情结束后希望国家给年轻人树立正确人生导向，把高薪留给一线科研人员，留给保家卫国的军警战士，不要让年轻人一味追崇演艺明星……"对此，网友们发表了如下观点。你认同的是（　　）

①要积极践行社会主义核心价值观

②要加强青少年人生观、价值观教育

③追星是自己的自由，无所谓对错

④要注重修养、明辨是非、善于选择

A. ①②③　　　　B. ①②④　　　　C. ①③④　　　　D. ②③④

5. 2021年是中国共产党成立100周年，全国各地开展唱"红歌"、诵"红诗"等系列庆祝活动。开展这些"红色"活动有利于（　　）

①传承中华民族精神

②促进中外文化的融合

③培养爱国、爱党的情感

④增强民族自豪感和使命感

A. ①②③　　　　B. ①③④　　　　C. ①②④　　　　D. ②③④

拓展作业

〔感悟经典〕第一组小组长：时代不同，但经典蕴含的一些共性的价值却可以穿越时代，历久弥新。透过经典，我们可以感受主人公们"以天下为己任"的社会理想；"跌倒九十九次，却仍一次次站起来"的笃定担当；"苟利国家生死以，岂因祸福避趋之"的爱国情操……这些都表达了经典所具有的震撼人心的力量。

请你结合自己所阅读过的书籍，写出一句名言或诗词，并指出其中所蕴含的中国精神的具体内容。

续表

八、本地特色文化学习资源分析、技术手段应用说明 　　1. 素材的选取有讲究 　　整个教学环节，侧重立足连州本土"德"文化资源，从认知、感悟、学习、践行红色文化，深挖素材，一材多用、一用到底、一线贯通，将知识与情感体验回归到学生身边的真实生活中，让学生从身边的故事去感悟民族精神。 　　2. 技术运用创新 　　运用多媒体的视频功能和"希沃白板"的放大镜、拍照上传等功能，有效辅助教学，激发学生的学习兴趣。
九、教学反思与改进 　　通过议题式学习，以最简的教学方式引导学生习得知识，提高课堂效率的同时，也真正把课堂还给学生。为了让学生对民族精神有更全面、深入的理解，课堂上我们运用大量的图片素材讲解不同时代不同的民族精神，引发学生广阔的思维扩散，对学生进行逐步引导，也充分展示了政史学科的交集之处。

明礼篇：明礼诚信是人际关系的试金石

孔子说："不学礼，无以立也。"明礼，即懂得礼仪，也就是讲文明礼貌。礼仪，是一个国家和民族为了维系社会生产方式和社会生活而约定俗成的最基本的行为规范，是一个国家和民族道德风貌和社会进步的反映。"人而无信，不知其可也"，说明了明礼诚信是个人立身处世的标准，是法律的基础。

一、编写儿歌　教诲州民——罗含章

罗含章，字月川，云南景东人，本姓程，因其先祖曾帮助官吏捕杀土寇，怕被报复谋杀，所以迁居外地而改姓罗。罗含章为清乾隆五十七年（1792年）举人，嘉庆十六年（1811年）春奉署从广东化州调任连州当知州。

（一）创办学馆　启民心智

罗含章到任做的第一件事，就是马不停蹄地了解民情。他知道连州地处粤北湘南的交界，民风彪悍，民众好斗，于是捐设各属乡试，建筑"宾兴馆"培育士类、启迪民智，着力培养后贤，教礼仪，明诚信，并亲自出题考核，定甲、乙优奖有加，使得当时连州学子欢呼雀跃，也让当地民众知道了"不学礼，无以立"的道理。

（二）编写儿歌　树立良俗

罗含章身为一州之长，勤政爱民，心系民生。而时州民多好斗殴，致礼义廉耻不顾，并且好打官司，出现原告与被告之间常常争得面红耳赤的场景。每值两造互讼间，他通过晓之以理、动之以情，判清事态发生的缘由，结合礼仪诚信提出双方可以接受的解决方法，平息争斗。审讯类似的案件多了，他觉得要将好斗好讼的风气扭转，让更多人知道，斗气不但伤心，而且还伤身体，处理不好还会家破人亡。于是他就尝试委婉论以天理人情，随讯随结，乃作小儿歌三则教小孩传唱，让人们在潜移默化中知礼、懂礼、明礼、行礼来树立良好习俗。

"小儿歌，小儿歌，歌词虽俚义不诬。非有大冤莫好讼，讼庭之下冤情多。漫说青天分皂白，世上几个包阎罗？公差如虎吏如豺，行行色目须安排。一言不合官人怒，鞭扑纷纷雨点来。肌寒病瘐困牢狱，母妻问视门不开。小儿歌，汝听止，有钱者生无钱死。从今莫听讼师言，留下田园与孙子。"

"嗟尔愚夫妇，轻生实可伤。小忿胡不忍，服毒悬高梁。汝死亦徒死，汝命谁与偿。借尸肆图赖，抢掠搜筐箱。打门破屋壁，凶狠如狼羊。颓风胡不挽，毋乃废刑章。刺史今执法，威令严加霜。作歌告尔众，毋自取灭亡。"

熙平妇女，咸听我言。我不尔觏，借儿口传。孝尔翁姑，敬尔丈夫。教尔儿女，恤尔仆奴。妯娌姊妹，叔嫂姑婿。亲戚乡亲，有仁有义。整肃衣裳，洁治酒浆。几贞勤怀，容止端庄。菽粟丝麻，穰穰满家。永绥多福，其乐无涯。

三则小儿歌传达出罗含章对民众的期待：扭转不良风气，遵守公序良俗，才是每个家庭幸福的基础。词语简练、情丝秀逸、真情贯注、尚实而不务虚华的儿歌经过小孩子在街头巷尾广泛传唱，不仅深深根植于连州肥沃的生活土壤，还让更多的民众懂得了明礼诚信的道理，使连州民风有所好转。

（三）政声卓著　民感其德

两百多年光阴荏苒流逝，罗含章之名在连州历代当政者中宛如浩瀚的历史长河里的一颗璀璨之星，经久不衰。《清稗类钞》载，尽管罗含章在连州执政才一年，他爱民洁己，顺民意、办民事、解民困、定良策、明礼仪、守诚信，召父老至，谆谆教诲，百姓感之如父母；并且他兴学重教，教化州民，还指导大家栽种畜牧、捐筑桥亭。《连州志》（同治版）载其"尤多善举方"。当地百姓称他为"罗青天"，其不懈努力描绘着美好的人生理想，为社会、为国家和人民实实在在地做出许多好事，在他身上集中体现了中华民族的许多宝贵美德。

特以诗追念：

> 巾峰凝露正春红，丹抱冰壶寄碧穹。
>
> 政客蹄铃千载过，谁留青史湟川东？

德文化感悟

1. 孔子说：人不学礼，不懂礼，就无法在社会立足。
2. 罗含章的事迹体现了中华民族优良传统，明礼诚信是社会主义道德建设的重点内容，也是社会主义核心价值观的重要一部分，是所有公民必须恪守的基本道德准则。我们青少年学生也要讲诚信、重诺言、守信用，共建社会新形象。

3. 百善孝为先，孝是我们中华民族的传统美德。我们从呱呱坠地的婴儿，到天真烂漫的少年，我们一天天长大，是父母赋予了我们生命，给予了我们无私而伟大的爱！作为青少年学生要孝敬双亲长辈，关爱家人，要用行动表达孝敬之心。

德文化互动

探究活动：结合道德与法治八年级上册第四课第三框《诚实守信》内容，理解诚信是公民的基本道德规范和社会主义核心价值观的重要内容，诚信中国的建设需要你我共同参与、共同努力。

活动步骤：

（1）分组搜集身边的诚信典型人物及事迹，与大家分享。

（2）思考：他们为恪守诚信付出了哪些努力？他们坚守诚信的原因是什么？

（3）以"传承中华诚信美德"为题，撰写演讲稿，在班级组织一次演讲比赛。

教学设计

<table>
<tr><td colspan="4" align="center">基本信息</td></tr>
<tr><td>学段</td><td>初中</td><td>展示单元</td><td>八年级上册第二单元</td></tr>
<tr><td colspan="4" align="center">单元整体设计</td></tr>
<tr><td>单元名称</td><td colspan="3" align="center">遵守社会规则</td></tr>
</table>

一、单元教学设计说明

本单元讲述了遵守社会规则的相关知识，井然有序的社会生活离不开社会规则的维系，所以我们要自觉遵守、维护和积极改进规则。而道德和法律是调节人们行为的两种主要社会规则，在社会生活中我们要讲道德，学会尊重他人、以礼待人，做到诚实守信。法律是道德的底线，是全体社会成员都必须遵守的社会规范，我们要尊法守法，积极预防违法犯罪，学会善用法律维护自己和他人的合法权益，让我们提高道德修养，增强法治意识，推动社会文明进步。

二、单元目标与重点难点

1. 单元目标

（1）维护秩序的重要性及如何维护秩序。

续表

（2）遵守规则的原因及要求。

（3）懂得尊重他人、以礼待人、诚实守信的原因及做法。

（4）做守法的公民，善用法律，懂得如何应对违法犯罪。

2. 单元重点

（1）明确社会规则的作用。

（2）遵守社会规则需要自律和他律。

（3）如何做到尊重他人、以礼待人、诚实守信。

（4）如何应对违法犯罪。

3. 单元难点

（1）社会规则维系社会秩序。

（2）违法行为的种类。

（3）刑法的含义及分类。

三、单元整体教学思路

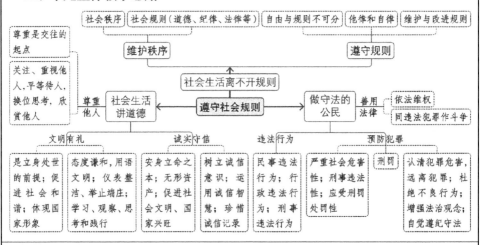

课时教学设计	
课题	诚实守信

一、教学内容分析

本课所依据的课程标准的道德教育部分，对培育学生道德品格，形成世界观、人生观和价值观有重大意义。本课的内容《诚实守信》是在《以礼待人》的基础上进一步和学生探讨诚信的意义的课题。主要是让学生知道诚信的含义；了解诚信是中华民族的传统美德，诚信对个人、企业、社会和国家的重要性，懂得诚信是每个人必备的道德品质，树立诚信意识；践行诚信的做法。

续表

二、学情分析

本学段学生正处于青春期，独立思考能力和判断能力进一步增强，情绪波动性大、可塑性强。本课设置道德教育，强化学生的道德体验和道德实践，旨在引导学生正确认识自己，增强社会责任感和担当意识，理解"明大德、守公德、严私德"，做一个文明的社会成员，并形成诚实守信的意识。

三、教学目标

【核心素养】

1. 道德修养目标：培养真诚老实、笃守诺言的态度，提高道德素养。
2. 能力目标：培养领悟社会现象的能力，提高分析问题、解决问题的能力。
3. 知识目标：了解诚信的含义和诚信对个人、企业、社会、国家的重要意义，掌握践行诚信的具体做法和要求。

【知识素养】

1. 诚信的含义和诚信对个人、企业、社会、国家的重要意义。
2. 践行诚信的具体做法和要求。

四、学习重点难点

重点：诚信的含义和诚信对个人、企业、社会、国家的重要意义。

难点：践行诚信的具体做法和要求。

五、学习活动设计

教学环节	教师活动	学生活动	设计意图
课前导入	展示本地特色文化材料： 导入："编写儿歌，教诲州民——罗含章"的历史典故。 　罗含章，字月川，云南景东人，本姓程，因其先祖曾帮助官吏捕杀土寇，怕被报复谋杀，所以迁居外地而改姓罗。罗含章为清乾隆五十七年（1792年）举人，嘉庆十六年（1811年）春奉署从广东化州调任连州当知州。	学生讨论交流，回答问题。	新课导入：借助连州当地历史典故激发学生学习兴趣，引导学生思考质疑，理解诚信是公民基本道德规范和社会主义核心价值观的重要内容，诚信中国的建设需要你我共同参与、共同努力，引出本课关键词"诚实守信"。

续表

	罗含章身为一州之长，勤政爱民，心系民生。而时州民多好斗殴，致礼义廉耻不顾，并且好打官司，出现原告与被告之间常常争得面红耳赤的场景。每值两造互讼间，他通过晓之以理，动之以情，判清事态发生的缘由，结合礼仪诚信提出双方可以接受的解决方法，平息争斗。审讯类似的案件多了，他觉得要将好斗好讼的风气扭转，让更多人知道，斗气不但伤心，而且还伤身体，处理不好还会家破人亡。于是他就尝试委婉论以天理人情，随讯随结，乃作小儿歌三则教小孩传唱，让人们在潜移默化中知礼、懂礼、明礼、行礼来树立良好习俗。 组织学生分组搜集身边的诚信典型人物及事迹，与大家分享。 思考：他们为恪守诚信付出了哪些努力？他们坚守诚信的原因是什么？		
新课讲授	【合作探究】 观察下面的漫画，回答问题。  漫画一		

续表

	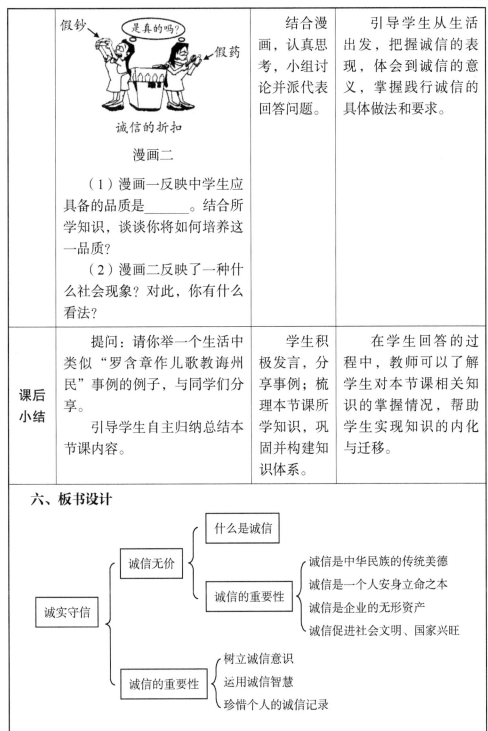	结合漫画，认真思考，小组讨论并派代表回答问题。	引导学生从生活出发，把握诚信的表现，体会到诚信的意义，掌握践行诚信的具体做法和要求。
课后小结	提问：请你举一个生活中类似"罗含章作儿歌教诲州民"事例的例子，与同学们分享。 引导学生自主归纳总结本节课内容。	学生积极发言，分享事例；梳理本节课所学知识，巩固并构建知识体系。	在学生回答的过程中，教师可以了解学生对本节课相关知识的掌握情况，帮助学生实现知识的内化与迁移。

图内文字：

假钞　是真的吗？　假药

诚信的折扣

漫画二

（1）漫画一反映中学生应具备的品质是_____。结合所学知识，谈谈你将如何培养这一品质？

（2）漫画二反映了一种什么社会现象？对此，你有什么看法？

六、板书设计

诚实守信
- 诚信无价
  - 什么是诚信
  - 诚信的重要性
    - 诚信是中华民族的传统美德
    - 诚信是一个人安身立命之本
    - 诚信是企业的无形资产
    - 诚信促进社会文明、国家兴旺
- 诚信的重要性
  - 树立诚信意识
  - 运用诚信智慧
  - 珍惜个人的诚信记录

续表

七、作业与拓展学习设计

★基础训练★

1. 疫情期间，在江西省宜丰县城东农贸市场，一些蔬菜摊点自发推出"无人售卖"模式：摊主给蔬菜标好价格后离开，顾客留下买菜钱或扫码付款。"无人售卖"模式的推出需要个人（　　）

A. 树立诚信意识，真诚待人，做老实人，办老实事

B. 弘扬诚信文化，构建个人诚信体系和社会信用体系

C. 营造"以诚实守信为荣、以见利忘义为耻"的良好风尚

D. 建立惩戒机制，让守信者处处受益，失信者处处受限

2. 在学习诚信内容的讨论中，小阳展示了如图所示漫画。漫画给我们的启示是（　　）

A. 为人处事、与人交往要讲诚信

B. 曝光"失信黑名单"可以杜绝失信现象

C. 失信者会损害自身的财产所有权

D. 失信的人只违背道德，没有违反法律

3. 小芳是八年级的学生，她答应负责一件家务事——洗碗，可是经常忘记。每次妈妈提醒她，她都说："我保证，从明天开始……"你认为下列哪种观点正确（　　）

A. 反正是自己家里的事情，妈妈不必这么认真，谁洗碗都一样

B. 小芳还是未成年人，因此，不必做家务

C. 小芳应该反思自己，其实这也是一个诚信问题，要践约守信，履行诺言

D. 中学生应该以学习为重，洗不洗碗无所谓

4. 近年来，在经济社会生活中，恶意拖欠、以次充好、价格欺诈、强买强卖、借贷不还等现象屡见不鲜，对社会风气造成极大伤害。这提醒人们在社会生活中应该做到（　　）

A. 尊重他人　　　B. 以礼待人　　　C. 诚实守信　　　D. 包容他人

5. 根据《社会信用体系建设规划纲要（2014—2020年）》，我国正加紧完善涉及信用征集、奖惩、黑名单等一系列制度，全方位提高失信成本，增强威慑力。据此青少年应该做到（　　）

①依法惩处失信行为

②珍惜个人的诚信记录

③大事诚信，不拘小节

④树立"守信光荣，失信可耻"的观念

A. ②④　　　　　B. ①②　　　　　C. ③④　　　　　D. ①③

续表

★能力提升练★

材料： 人以诚立身，国以诚立心。诚信作为一种价值理念，是社会不可或缺的运行规则，是社会进步无比珍贵的精神财富。某校团委开展了"打造诚信校园，做诚信学生"主题教育活动。下面是八年级某班设计的部分活动内容，你作为其中一员参与了活动，希望你能成为大家最佳的合作伙伴。

运用所学知识，结合材料，回答下列问题。

（1）同学们首先准备对校园的不诚信行为展开调查，你们将采取哪些调查方法获取资料？（两种即可）

（2）调查结束后，你对调查结果作了整理，请你列出两种校园不诚信行为。

（3）针对调查中存在的种种不诚信行为，们准备以"你我携手　共建诚信校园"为题向全校同学发出倡议。请你写出倡议要点。

拓展作业

课后在本校开展有关"诚信"的问卷调查，并写一份问卷调查报告。

八、特色学习资源分析、技术手段应用说明

因材施教，适当整合教材内容。把握教材逻辑和主要脉络，以立足连州本土文化为主线展开学习，挖掘本地区的文化资源，展示本地区的文化特色，创设情境，使经典人物再现，引发学习动机；通过议题式学习，把课堂还给学生的同时，由浅入深，突出重点，突破难点，升华课堂，落实素养，育人为本，润物无声；设难置疑，引起思辨，注重情感体验和道德实践。

续表

九、教学反思与改进

　　1. 素材使用创新

　　立足连州本土"德"文化资源，学习罗含章儿歌中"诚实守信"的优秀品质，深挖素材，一材多用、一用到底、一线贯通。

　　2. 技术运用创新

　　运用"希沃白板"的放大镜、蒙层、克隆、计时、圈画、拍照上传等功能，有效辅助教学。

　　3. 教学方式创新

　　通过议题式学习，以最简的教学方式引导学生习得知识，提高课堂效率的同时，也真正把课堂还给学生。

二、厚德天下　福泽万家——欧阳华金

在广州、深圳、珠海、清远以及长沙等地到处都能见到"天福""想家"便利店的身影，这些大大小小的便利店，不但遍布南粤都市，而且还惠及湘南城乡。始创和掌管这个连锁商店的就是连州人——欧阳华金。

欧阳华金出生在连州大路边镇的一个小山村，从小刻苦好学，后来考入暨南大学就读中文系。大学毕业后，他选择进入东莞市糖酒集团工作。2003年，东莞市糖酒集团开始实行国企改革，欧阳华金放弃令人艳羡的高管职位，带着多年来累积的第一桶金，搏击商海，开启了事业生涯中的另一番天地。

欧阳华金出生在连州大路边镇的一个小山村

（一）诚信立本　优质服务

2004年7月，欧阳华金创立了东莞市天福便利店有限公司，也就是现在广东天福连锁商业集团有限公司的前身。当时的他，靠凑来的50万元起步。

与每一个创业人一样，创业初期总是艰辛的。但天福坚持自己的理念，在凌晨三四点照常营业，由于诚信经营，取得了较好的效果。欧阳华金深信，从事这一行，要保持商贸关系，得到同行的支持，必须诚信立本。为了取得供应商的信任，不管如何，欧阳华金每一次拿货都付现金，借此来建立诚信口碑，因此他的天福便利店也得到了社会的认可。

一个企业的运营成功需要多方面的因素，比如在降低运营成本上，企业会千方百计想办法降低任何一个环节的运营成本。基于这个出发点，欧阳华金建立了创好物流有限公司，统一为加盟店送货。欧阳华金说，通过减少中间环节，直接为加盟商降低了运营成本，创造了盈利空间。目前，创好物流有限公司不仅对自身系统内的连锁便利店实施配送，还对外进行配送，提升了配送公司的资源利用率，也开拓更多的市场空间。

与其他的便利店连锁企业相比较，欧阳华金认为天福公司的核心竞争力除了诚信，还在于采购、配送和门店经营管理等诸多方面高度信息化技术的应用。到目前为止，天福在信息化建设上已经投入近两千万元。"单单信息化管理最基本的一项功能，就可以让系统帮我们分析商品销售的速度，这样我们便能知道哪类商品最好卖。"欧阳华金说，仅这一项功能就能为他们提供有效决策。

（二）注重细节　创立品牌

欧阳华金有着对细节的用心，又有着宏伟的企业发展蓝图。他以他的魄力带领着企业在商海中稳步前行。在2008年金融危机中，很多工业区便利店倒下了，但天福反而实现了顺利扩张。特别是在2011年初，天福扩建物流中心，成功进军惠州等地，实现了第二波扩张，许多行业在金融危机中萎缩，天福却实现了扩张。据悉，天福成立的第一年，单在东莞市内就有100家加盟店，发展到2011年已接近1000家门店。从2012年开始，天福已经走出东莞，往广东省内外其他地方辐射，广州、深圳、肇庆、中山及长沙等地都有天福的身影；如今，天福品牌的便利店已达到2500多家。

欧阳华金创下了自己的零售商店——"天福"，并通过加盟的方式，
帮助3000多个家庭创业者实现创业致富梦想

（三）情系乡梓　回馈社会

欧阳华金通过努力打拼，终于创下了自己的零售商店——天福，并通过加盟的方式，帮助3000多个家庭创业者实现创业致富梦想。看着不断发展壮大的天福连锁企业，欧阳华金想着利用自有的资源，为家乡的产品打开一道销售的大门，也为家乡的发展做点贡献。

在考察了连州的农业生产后，欧阳华金认为家乡拥有优良的种植环境，生产出很多高品质的农副产品，但销售额却不如人意。其中关键在于销售渠道，而自己的商业连锁企业正是这一环节的强项。于是，他创办了专注健康食品的农家绿园生鲜连锁，又并购了生鲜电商企业菜虫网，以"农业基地+实体连锁店+网上电子商城"的商业模式，实现农副产品高效、安全地从田头到餐桌，让家乡连州成了"农家绿园"的产品基地。

随着东莞市清远商会和广东省连州商会的成立，欧阳华金的名片上又多了一层身份——东莞市清远商会会长和广东省连州商会会长。欧阳华金认为成立商会更大的意义就是让全省各地发展的连州籍企业家抱团发展，形成合力，共谋未来，更好地在南粤大地打造"连商"品牌，这也是欧阳华金创立广东省连州商会的最终目的和愿景。

东莞市清远商会交流活动合照

德文化感悟

1. 孟子曰："诚者，天之道也；诚之者，人之道也。"诚信是企业的无形资产，欧阳华金坚持诚信经营、诚信办事，塑造了良好的企业形象和信誉，赢得了客户，才有了持久的效益。

2. 诚信是一个道德范畴，是公民的第二个"身份证"。我们要树立诚信意识，要真诚待人、信守承诺，说老实话、办老实事、做老实人。

3. 诚信也是一项民法原则，它强调人们在社会活动中讲信用、守诺言、诚实不欺。

德文化互动

探究与分享：结合道德与法治八年级上册第四课第三框《诚实守信》内容，理解诚信是企业的无形资产。

1. 从欧阳华金诚信经营、诚信办事的事例，谈谈企业诚信经营的意义。

2. 你得到什么启示？

3. 请你举一个生活中类似的例子，与同学们分享。

教学设计

基本信息			
学段	初中	展示单元	八年级上册第二单元
单元整体设计			
单元名称			遵守社会规则

一、单元教学设计说明

1. 在初中阶段，加强学生的规则意识是对学生进行思想道德教育的关键。本单元通过帮助学生对规则的功能和价值有正确的认识，使其能发自内心地敬畏规则，自觉遵守并践行规则，在日常生活中能够提高自身道德修养，树立并加强尊重他人、文明有礼、诚信待人等道德观念和学法守法、维护合法权益的法治观念。

2. 本单元以"遵守社会规则"为主题，基于学生可感知的社会生活，从社会生活、企业经营活动、国家诚信体系建设等角度引导学生深刻理解诚信，从而增强诚信意识，提高诚信行为能力。同时，学生对一些日常生活中的"小事"往往不拘小节，这样极易产生不良行为，如果不及时纠正和解决，有可能走上违法犯罪的道路。因此，教材给学生提供了保护自己的途径和方法，帮助学生学会尊法学法守法用法。

3. 一个人从自然人转变为社会人，是逐步社会化的过程。在这一过程中，个体需要不断学习、理解、实践各种社会规范，这些不同的社会规则对人们的各种行为进行规范和引导。本单元立足上述情况设计了：导语、第三课《社会生活离不开规则》、第四课《社会生活讲道德》、第五课《做守法的公民》。其中第三课设置了两框内容，第四课、第五课各设三框内容。

二、单元目标与重点难点

1. 单元目标

（1）对规则的社会功能具有高度认同感，认同社会生活、社会秩序和社会规则三者密不可分。认同要通过制定和遵守合理规则妥善处理好彼此间的利益关系。树立正确的自由观，认同社会规则与自由的辩证统一。

（2）感受诚信做人做事的美好，树立诚信价值观。体会中华传统美德的力量，养成自觉传承中华传统美德的意识。

续表

（3）感受法律的尊严，做尊法学法守法用法的人。加强自身修养，增强法治观念，防微杜渐。增强依法律己、依法维权、依法与违法犯罪行为作斗争的意识。

2. 单元重点

（1）规则与自由的关系。

（2）文明有礼的作用。

（3）诚信的含义、重要性，加强公民诚信教育的方法。

（4）培养依法维权意识，懂得面对违法犯罪时，要善于与这些行为作斗争。

3. 单元难点

（1）在社会生活中践行尊重他人的理念。

（2）知道社会主义核心价值观对诚信的具体要求，树立正确的诚信意识，能够积极参与社会诚信建设，践行诚信的做法。

（3）善于同违法犯罪作斗争。

三、单元整体教学思路

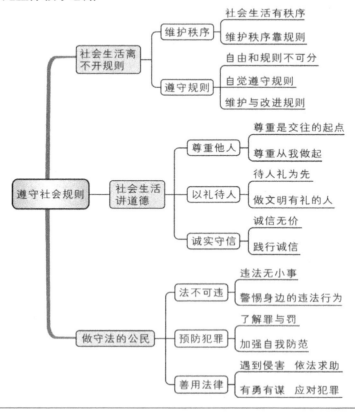

课时教学设计	
课题	诚实守信

一、教学内容分析

　　本课所依据的课程标准的相应部分是"成长中的我"中的"自尊自强"，具体对应的内容标准是"能够辨别是非善恶，学会在比较复杂的社会生活中做出正确选择"。在承接前面《以礼待人》和《尊重他人》的基础上，本课引导学生知晓不诚信之人不足以谈尊重、不诚信之人也不足以谈文明，这是第四课的核心内容。

二、学情分析

　　八年级学生情感丰富，辨别是非能力增强，而且学生对诚信都有一定的了解，但由于正值青春期，可能会出现一定程度的逆反心理，需要我们加强引导。尤其是他们对诚信的重要性理解不全，在复杂情境中如何践行诚信，仍需掌握方法。

三、教学目标

　　【核心素养】

　　政治认同：主动弘扬中华传统美德，认同社会主义核心价值观。

　　责任意识：主动践行诚信，珍惜诚信记录。

　　道德修养：树立诚信为荣，失信可耻的意识，做一个文明的社会成员。

　　【知识素养】

　　（1）知道诚信的含义。

　　（2）理解诚信的重要性，践行诚信的做法。

四、学习重点难点

　　重点：认同诚信对个人、企业、社会及国家的重要性，形成诚信的道德情感。

　　难点：践行诚信的做法，积极参加社会诚信建设，为营造诚信社会环境贡献自己的力量。

续表

	五、学习活动设计		
教学环节	教师活动	学生活动	设计意图
诚信·导入	**展示本地特色文化材料:** 出示天福便利店及其创始人的相片,猜图片中的人物名称。(欧阳华金) **初识欧阳华金** 出示欧阳华金的材料: 欧阳华金出生在连州大路边镇的一个小山村,从小刻苦好学,后来考入暨南大学就读中文系。大学毕业后,他选择进入东莞市糖酒集团工作…… 2004年7月,欧阳华金创立了东莞市天福便利店有限公司,也就是现在广东天福连锁商业集团有限公司的前身。与每一个创业人一样,创业初期总是艰辛的。但天福坚持自己的理念,在凌晨三四点照常营业,由于诚信经营,取得了较好的效果。欧阳华金深信,从事这一行,要保持商贸关系,得到同行的支持,必须诚信立本。为了取得供应商的	参与游戏互动,猜测相片,回答问题。	猜测相片引入话题,调动学生学习的积极性。 关联学生已有的学习经验,给学生提问的机会,引导学生思考质疑,学会学习,培养科学精神。

	信任，不管如何，欧阳华金每一次拿货都付现金，借此来建立诚信口碑，因此他的天福便利店也得到了社会的认可。 　　请你用一个关键词概括欧阳金华的优秀品质。		
诚信·认知	诚信成语和典故快问快答；教师展示社会主义核心价值观图片，以及民法典中与诚信相关的条文截图。	结合材料，说说诚信的内涵。	快问快答让学生快速进入状态，结合丰富的材料，从不同角度让学生理解诚信的内涵，即传统美德、价值准则、民法原则。
诚信·感悟	**出示材料：欧阳华金"诚信立本，优质服务；注重细节，创立品牌"。** 　　组织小组互动探究：从欧阳华金诚信经营，诚信办事的事例谈谈企业诚信经营的意义。	认真阅读材料，小组讨论并派代表回答问题。	情景教学是初中道法课的常用手段，通过欧阳华金的事迹，引发学生从个人、企业、国家的角度思考并理解诚信的重要性，培养学生思辨能力、探究能力和语言表达能力。
诚信·践行	**出示材料（视频）：**诚信是企业的无形资产，欧阳华金坚持诚信经营、诚信办事，塑造了良好的企业形象和信誉，赢得了客户，才有了持久的效益。 　　思考：请谈谈你从欧阳华金诚信经营的事例中得到了什么启示。如何做一个诚实守信的人？	观看材料，结合自身实际，并融入课本的相关知识，各抒己见，谈谈自身的启示。	利用学生爱看视频的特点，在课堂播放相关视频具有趣味直观性强的效果，再从结合自身实际与回归课本的角度谈自身的启示，有的放矢地引导学生回答问题，获得知识。

续表

诚信·守护	1. 组织小组评析：诚实、隐私与"善意的谎言"小辩题。 甲：任何情况都要绝对尊重他人的隐私。 乙：诚实与隐私不能共存。 丙：有时难免说些"善意的谎言"。	小组讨论，派代表发言，分别评析观点。	运用评析，培养学生的思辨能力，更是为中考评析题打好基础。践行诚信需要运用诚信智慧去关心他人。
	2. 情景剧角色扮演：《诚信万里行，惩治老赖有高招》。 思考："老赖"失信惩戒对你有什么启示？	部分学生进行角色扮演，其余学生观看并思考问题。	通过情景剧的角色扮演，活跃课堂氛围，增强学生学习兴趣，使学生深刻明白失信者会处处受限；并树立诚信意识，珍惜诚信记录。
	3. 思考：请你举一个生活中类似欧阳华金事例的例子，与同学们分享。 引导学生自主归纳总结本节课内容。最后以习近平同各界优秀青年代表座谈时关于"诚实守信"的讲话作为赠语作结，以此共勉。	学生积极发言，分享事例；梳理本节课所学知识，巩固并构建知识体系。	在学生回答的过程中可以了解他们对本节课相关知识的掌握情况，帮助他们实现知识的内化与迁移。通过习近平的经典语录进行情感升华，让诚信扎根，促使学生践行诚信。

六、板书设计

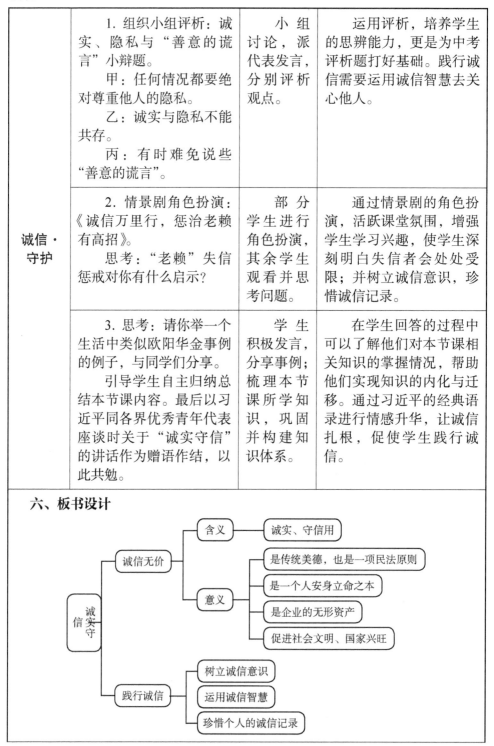

七、作业与拓展学习设计

★基础训练★

1.（原创题）欧阳华金在创业初期，为了取得供应商的信任，每一次拿货都付现金，并且坚持诚信经营，不售假、不欺客，在凌晨三四点照常经营，童叟无欺，为自己的企业经营建立了良好的诚信基础。人们纷纷为他的这份品质点赞。对此，你的感悟是（　　）

①提高售假手段，让人真假难辨

②诚实守信经营，塑造诚信形象

③运用诚信智慧，赚取高额利润

④以诚实守信为荣，以见利忘义为耻

A. ①②　　　　B. ②④　　　　C. ①③　　　　D. ③④

2. 国家主席习近平曾引用"与朋友交，言而有信"来强调互信是中塔全面战略伙伴关系的基石。下列名言与习近平主席引用的经典寓意相一致的是（　　）

①轻千乘之国，而重一言之信　　②内不欺己，外不欺人

③君子贵人而贱己，先人而后己　④诚者，天之道也；思诚者，人之道也

A. ①②③　　　B. ①②④　　　C. ②③④　　　D. ①③④

3. 做人要讲诚信，但做到诚信的具体条件又是复杂的。对此，下列说法正确的是（　　）

A. 大事情不能说谎，小事情可以说谎

B. 善意的谎言并不违背诚信

C. 为了表明自己的诚实，朋友的什么秘密都不可以泄露

D. 不论什么情况，医生都要对病人说真实的病情

★能力提升练★

材料："诚信"就是诚实守信。诚信，乃做人之本。当今，在社会主义市场经济建设中，诚信显得越来越重要，如果在一个单位、一个地方，一个人一旦失去"诚信"，那他将会变成"孤雁"之行，他的事业将会变成"无源之水""无本之木"。世界因为有了诚信才更加精彩。

为加强学生的诚信教育，八年级（1）班将要开展一堂以"诚信"为主题的班会。请你参与并完成下列任务：

续表

（1）请你为本次的班会设计一个题目并简要谈一下本次主题班会的意义。

（2）"世界因为有了诚信才更加精彩"。请你以"践行诚信"为主题，写一份倡议书。

拓展作业

请同学们结合连州当地历史文化收集一些有关诚实守信的人物事件并与同学分享。

八、特色学习资源分析、技术手段应用说明

因材施教，适当整合教材内容。把握教材逻辑和主要脉络，以立足连州本土文化为主线展开学习，挖掘本地区的文化资源，展示本地区的文化特色，创设情境，使经典人物再现，引发学习动机；通过诚信"认知、感悟、践行、守护"四个学习板块的安排，由浅入深，突出重点，突破难点。角色扮演，把课堂还给学生的同时，羽化知识，升华课堂；设难置疑，引起思辨；我的收获，知识梳理，复习巩固；注重情感体验和道德实践。

九、教学反思与改进

1. 素材使用创新

立足连州本土"德"文化资源，从导入、认知、感悟、践行、守护学习欧阳华金的优秀品质，深挖素材，一材多用、一用到底、一线贯通。

2. 技术运用创新

运用"希沃白板"的放大镜、蒙层、克隆、计时、圈画、拍照上传等功能，有效辅助教学。

3. 教学方式创新

通过设置情景剧进行角色扮演，活跃课堂气氛，以最简的教学方式引导学生习得知识，提高课堂效率的同时，真正把课堂还给学生。

三、乐善好施 扶危济困——欧阳战海

（一）乐善好施 尊老敬老

53岁的欧阳战海把烹饪好的扣肉、白切鸡、客家酿菜卷、清蒸河鲜等菜肴装进篮里，骑上摩托车赶往保安镇敬老院。"欧阳老板又来了！"看着欧阳战海驾车驶入，78岁的雷荣俭露出了灿烂的笑容。从2001年至今，逢年过节为保安镇敬老院的老人们加菜，成了欧阳战海生活中的固定动作。这一善举，欧阳战海默默坚持了18年。

从2001年起，每年的节日，欧阳战海都会给保安镇敬老院的老人加菜

（二）但行好事 不事声张

"常言道，一个人做一件好事不难，难得的是一辈子做好事。欧阳战海虽然现在还算不上是一辈子做好事，但是，他坚持为敬老院加菜18年，接力照顾独居特困人员10多年的善举，值得一个'赞'字！"保安镇文化站站长曾称旺说。

欧阳战海的善举绝非"热心"两个字可以概括，他的这种行为具有深刻的现实意义，这不仅是中华民族传统美德的体现，也为社会树立了乐于助人、尊老敬老的榜样。

"从欧阳汉开始，到欧阳战海，10多年来这样细心照顾独居特困人员曾停贵，一家人做好事都从来不声张，村中邻里很少人知道这件事，他们的善举值得我们学习。"村民黄建成说。

行善18年，欧阳战海几乎从未向身边的人提及过，不仅街坊邻里不知，连他的母亲都不知道。但实际上，这个家庭中，父亲、母亲、儿子都一直用实际行动关心着敬老院的老人，却十分低调，彼此之间甚至都不大清楚对方的行善行为。但行好事，不事声张。他们低调为善，不图他人知晓和有人报答，为的只是遵从自己的内心，尽可能地帮助他人感受社会的温暖和关爱。

由于他长期的善举，欧阳战海于2018年5月16日被清远市评为清远好人；2018年10月16日，被清远市评为时代楷模和道德模范。

德文化感悟

1. 国家发展、社会进步，离不开我们每个人的努力。奉献社会，不是远离现实的高谈阔论，而是平凡生活中的实际行动。欧阳战海行善18年，不事声张，十分低调，不图他人知晓和有人报答，为的只是遵从自己的内心，坚持帮助他人，让他们感受社会的温暖和关爱，这值得我们青年学生学习。

2. 我们要以真诚的态度、积极的行动，关爱他人，服务社会，做一个有益于社会的人。

德文化互动

结合道德与法治八年级上册第七课《积极奉献社会》的内容，理解关爱他人和服务社会的意义。

1.欧阳战海的善举给我们什么启示？

2.探究与分享：你所在的居委会在你的小区开展向贫困山区孩子献爱心活动，小区居民纷纷捐款捐物。

情景一：我把我的压岁钱和珍爱的书捐给他们。

情景二：献爱心是大人的事情，我们小孩子还是以后再说吧。

情景三：我又不认识他们，跟我有什么关系？

（1）你是如何看待他们的观点的？

（2）如果遇到类似的情况，你怎么办？

教学设计

基本信息			
学段	初中	展示单元	八年级上册第三单元
单元整体设计			
单元名称	承担社会责任		

一、单元教学设计说明

　　加强对学生责任感的教育是本单元的立足点，也是对学生进行思想道德教育的关键。在初中阶段帮助学生树立责任意识、探究学习知识，学习做负责任的公民，对学生的成长具有基础性的作用。同时，只有学生具备了责任意识，才能激发自己关注自身与集体、社会和国家的关系，立志做一个负责任的公民。

　　本单元以"勇担社会责任"为主题，基于学生可感知的社会生活，重点强调责任意识和奉献精神的培养，使学生懂得因社会角色的差异而产生不同的责任，明确自身应承担的社会责任，理解责任的承担和履行对个人、对社会的意义，培养学生的责任意识；帮助学生理解承担责任可能会获得回报，也可能要付出一定的代价，懂得对自己的行为负责，使学生理性对待承担责任过程中的得与失；引导学生感悟生活中无时无处不在的关爱，理解关爱他人是一种幸福，同时也要讲究一定的艺术；引导学生思考服务和奉献的意义，了解服务和奉献社会的途径，培养学生的服务意识和奉献精神。

　　本单元包含第六课、第七课两个内容。第六课，包括"我对谁负责，谁对我负责"和"做负责任的人"两个板块内容。第七课，包括"关爱他人"和"服务社会"两个板块内容。

二、单元目标与重点难点

　　1. 单元目标

　　（1）明确承担责任能得到回报，但同时也要付出一定的代价；明确不是自愿选择的责任，也应尽力承担好；了解不计个人得失，无私奉献者的精神。

　　（2）理解关爱他人的意义，知道关爱他人是一门艺术，懂得如何关爱他人。

　　（3）理解服务社会对我们的重要性，掌握服务和奉献社会的做法。

续表

<table>
<tr><td>

2. 单元重点

（1）责任的含义、来源。

（2）对自己负责的表现。

（3）有些责任即使不是自愿选择的，也应尽力承担好。

（4）积极奉献社会，知道关爱他人、服务社会的方式和意义。

3. 单元难点

（1）明确每一种角色都意味着承担相应的责任，我们要对自己负责，也要感激有人在为我们承担着责任。

（2）学会做负责任的人，知道承担责任往往伴随着代价与回报，明确该如何承担责任。

（3）如何关爱他人、服务社会。

</td></tr>
<tr><td>

三、单元整体教学思路

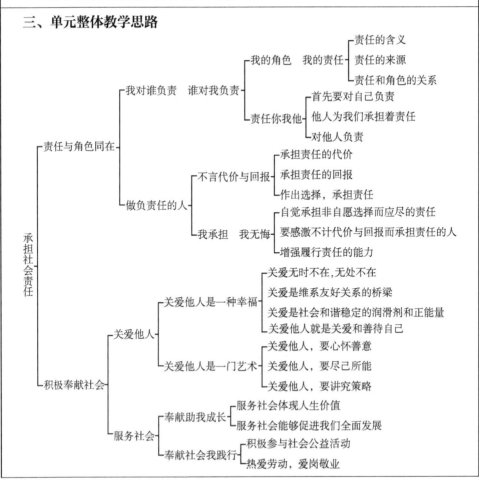

</td></tr>
</table>

续表

课时教学设计	
课题	服务社会

一、教学内容分析

　　《服务社会》这一框，主要是让学生懂得服务社会对于我们成长的重要性，以及服务和奉献社会的做法；引导学生感悟服务社会的意义，帮助学生树立正确的服务意识，在实际行动中努力服务和奉献社会有重要价值。

二、学情分析

　　初中学生思维敏捷、勇于进取，具备初步的社会责任感和历史使命感。同时，受主客观因素的影响，他们在某些方面也存在以自我为中心、强调自我满足、缺乏奉献精神等问题，还不能正确认识和处理个人、家庭、社会之间的关系。从现实状况来看，有必要对学生加强责任意识和奉献精神的培育，引导学生把个人的成长成才与社会的发展有机结合起来，培养良好的责任意识和奉献精神，努力成为一名合格公民。

三、目标确定

　　【必备知识】

　　通过学习，知道服务社会体现人生价值，促进全面发展；懂得服务社会需要积极参与社会公益活动，需要热爱劳动、爱岗敬业；理解服务社会的意义，能够主动参与服务社会的活动；树立服务社会、奉献社会的意识，培养亲社会行为。

　　【核心素养】

　　政治认同：弘扬感恩他人、奉献社会的美德，自觉践行社会主义核心价值观。

　　道德修养：体味奉献的意义，培养奉献精神。

　　法治观念：增强劳动观念，爱岗敬业。

　　责任意识：在日常生活中养成亲社会行为，积极参与公益活动，用实际行动服务和奉献社会。

四、学习重点难点

　　重点：服务社会的意义。

　　难点：践行服务和奉献社会。

续表

五、学习活动设计			
教学环节	教师活动	学生活动	设计意图
导入	**导入**：学生讲解2018清远市道德模范欧阳战海的故事，他身上体现出的哪些精神值得我们学习？ 明确：服务他人、奉献社会、勇于担当的精神值得我们学习。 只要人人都献出一点爱，世界将变成美好的人间。我们应该要学会感恩他人、奉献社会。今天我们要探讨的课题就是——服务社会。	学生讲解并倾听2018清远市道德模范欧阳战海的故事，思考问题。	运用2018清远市道德模范欧阳战海的事迹和身上体现的精神感染学生，引入课题。
讲授新课	**环节一：自主学习：** 课件展示预习提纲，引导学生预习教材并思考问题。 探究点一　奉献助我成长服务社会的意义。 探究点二　奉献社会我践行 1. 怎样服务和奉献社会？ 2. 中国共产主义青年团的性质、作用、使命。	课件展示预习提纲，预习教材并思考问题。	学生对本堂课知识点形成自己的认识，养成独立思考、生成疑问、解决问题的能力。教师在学生预习过程中加以引导、点拨。
	环节二：新课学习 探究点一　奉献助我成长 活动：交流分享 观看视频《欧阳战海的故事》，思考：欧阳战海默默行善18年，他得到了什么？他的故事启示我们服务社会的意义是什么？	根据材料，交流并回答问题。	

	学生回答，教师点拨归纳： 获得了快乐，得到了社会的尊重和认可，实现了自己的人生价值。 **启示：服务社会体现人生价值。** 只有积极为社会作贡献，才能得到人们的尊重和认可，实现我们自身的价值。 一位2022冬奥会志愿者在回忆自己的志愿活动经历时，谈道：这次主持冬奥会颁奖礼仪选拔的活动是我第一次进行主持，虽然刚开始时有些紧张，但进入状态后，便能自如地把控主持进度。看到女院学子的风采，感受到了女性力量的魅力。这次活动我收获良多，得到了很多历练。今后我会更加积极主动参加志愿活动，提升自己的能力，收获成长，看到更多面的自己。 冬奥志愿者的谈话启示我们，服务社会对个人成长有什么重要意义？ 学生回答问题，教师点拨归纳： 服务社会能够促进我们全面发展。 视野不断拓展，知识不断丰富，观察、分析、解决问题的能力以及人际交往能力不断提升，道德境界不断提高。	观看视频，结合教材归纳问题	运用视频及文字故事创设情境，引导学生结合材料交流并分享问题，明确服务和奉献社会对个人成长的意义。

续表

知识点归纳： 服务社会的意义： （1）服务社会体现人生价值。只有积极为社会作贡献，才能得到人们的尊重和认可，实现我们自身的价值。 （2）服务社会能够促进我们全面发展。在服务社会的过程中，我们的视野不断拓展，知识不断丰富、观察、分析、解决问题的能力以及人际交往能力不断提升，道德境界不断提高。 探究点二　奉献社会我践行 活动一：思考归纳 观看视频《青年向上》，结合教材归纳问题： ◆服务和奉献社会需要谁来担当责任？ ◆你是共青团员吗？你知道中国共产主义青年团的性质、作用、使命吗？ 学生回答，教师点拨归纳： 服务和奉献社会，需要我们青年担当责任。 **中国共产主义青年团** 性质：中国共产主义青年团是中国共产党领导的先进青年的群团组织，是广大青年在实践中学习中国特色社会主义和共产主义的学校，是中国共产党的助手和后备军。	观察图片材料，思考回答问题。	借助共青团成立一百周年历史回顾及习近平总书记的讲话视频，明确青年学生的担当和责任，对中国共产主义青年团组织有深入的认识，并引导学生在学习生活中追求上进，力争加入光荣的中国共青团组织。 运用材料创设情境，结合自身实际谈谈服务和奉献社会的具体形式及活动。

	作用：中国共产主义青年团带领青年在经济社会发展中发挥生力军和突击队作用。 使命：在新时代，共青团要组织青年参加改革开放和社会主义现代化建设的实践，为发展社会生产力、提高人民生活水平，为实现全面建成社会主义现代化强国的第二个百年奋斗目标建功立业。 **展示本地特色文化材料：** 活动二：畅所欲言   　　你参加过上述图片中类似的活动吗？图片材料启示我们该如何服务和奉献社会？ 　　学生回答，教师点拨归纳： 　　服务和奉献社会，需要我们积极参与社会公益活动。 　　活动三：交流分享 　　2018清远市道德模范欧阳战海的事迹和身上体现的精神启示我们该如何服务和奉献社会？	交流问题。	运用典型示例及人物体现出的关爱他人、与人为善、热爱劳动等精神启发学生服务和奉献社会需要增强劳动观念、培养敬业精神，增强社会责任感。

续表

	学生回答，教师点拨归纳： 服务和奉献社会，需要我们热爱劳动，爱岗敬业。 我们要努力学习，增强劳动观念，培养敬业精神，学会全力以赴、精益求精、追求卓越，为将来成为合格的社会主义建设者做好准备。 知识点归纳： 怎样服务和奉献社会？ （1）服务和奉献社会，需要我们青年担当责任。 （2）服务和奉献社会，需要我们积极参与社会公益活动。 （3）服务和奉献社会，需要我们热爱劳动，爱岗敬业。		由学生自己归纳总结，锻炼学生的概括能力、思维能力、语言表达能力；幻灯片出示知识总结脉络图，将知识点升华。
	环节三：课堂小结 师：这堂课的内容，我们学习得很顺利。你有什么收获呢？ 教师在学生归纳基础上，呈现本节课的知识结构图，明确本堂课的重点、难点。	学生归纳总结本节课的收获。	

六、板书设计

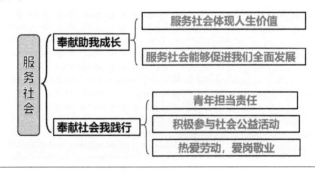

七、作业与拓展学习设计

★基础训练★

1. 2022年3月初，吉安市民警黄国平带着妻子来南昌看病，却不料遭遇疫情滞留南昌。疫情就是命令、防控就是责任！他没有犹豫，自告奋勇当起了所在社区的疫情防控志愿者。从"滞留者"成为"志愿者"，不仅仅是身份的转变，更是一名人民警察责任与担当的生动体现。这使我们认识到（　　）

①要倾力奉献社会，实现人生价值

②只要参加志愿活动，就能成为最好的自己

③要关心国家大事，管理国家事务

④要热心公益，养成亲社会行为

A. ③④　　　　　　　　　　　B. ①②

C. ②③　　　　　　　　　　　D. ①④

2. 在没有硝烟的战场，千千万万团员青年积极响应党中央号召，奋勇投身新冠肺炎疫情防控，让团旗紧跟党旗高高飘扬在抗疫一线，让青春在党和人民最需要的地方绽放绚丽之花！下列对中国共青团说法错误的是（　　）

A. 中国共青团是中国共产党的助手和后备军

B. 中国共青团在经济社会发展中发挥生力军和突击队作用

C. 中国共青团是中国共产党领导的先进青年的群团组织

D. 中国共青团的团歌是《五月的花海》

3. 义务植树、义务大扫除、捐款捐物、爱心助学等都是常见的公益活动。在服务社会的过程中，我们参与这样的公益活动有利于（　　）

①获取丰厚报酬

②拓宽视野，增长见识

③提高观察、分析、解决问题的能力

④提升人际交往能力，提高道德境界

A. ①②③　　　　　　　　　　B. ②③④

C. ①②④　　　　　　　　　　D. ①③④

续表

★ **能力提升练** ★

材料分析题

下图为"中国青年志愿者"标志。"中国青年志愿者"标志的整体构图为心的造型，图案中央既是手也是鸽子的造型。标志寓意为中国青年志愿者向社会上所有需要帮助的人们奉献一片爱心，伸出友爱之手，表现青年志愿者"热情献社会，真情暖人心"的主题。

（1）我们在哪些地方可以看见穿着印有志愿者标志衣服的人群在忙碌？（两点即可）

（2）志愿者的行为体现了哪些优秀的品质？（至少两点）

（3）你想成为一名志愿者吗？请简要说明理由。

（4）假如你是一名志愿者，你会参加哪些公益活动？（两点即可）

拓展作业

请同学们收集连州当地一些服务、奉献的人物事件并与同学分享。

八、特色学习资源分析、技术手段应用说明

结合本地学生实际，把握教材逻辑和主要脉络。以立足连州本土文化为主线展开学习，挖掘本地区的文化资源，展示本地区的文化特色，创设情境，使经典人物再现，引发动机；学生互动，升华课堂，落实素养，育人为本，润物无声；设难置疑，引起思辨；我的收获，知识梳理，复习巩固；道德教育和国情教育相结合，注重情感体验和道德实践。

九、教学反思与改进

本课属于知易行难类型，因此，本课在教学方法、教学资源的选取上，更加关注社会，探究实践，做到了"巧"选教学资源，也体现了学生主体作用，师生、生生互动共情，使学生在实际的情境展开有效学习，通过多生活的感受和体悟，激发学生关注社会现实和参与社会生活的热情。有出彩也有遗憾，教学本来就是一个不断遗憾和反思的过程。从教学资料上看，本课贴近生活。但是在用的过程中仍存在以下问题：第一，看完视频不需要交流，可以直接提问；第二，小组策划，课前准备了课上不需要讨论，可以直接分享。个人的课堂处理是如此的：故事、视频看完谈感受环节，这个问题，我一抛出，试讲的3个班级都在积极踊跃回答。今天这节课第一个问题抛出，就有两个孩子举手回答。再问后，仍如此。我只能灵机一动，小组交流讨论。这也就出现了不能激发碰撞，不具有针对性的问题，没有必要再进行小组讨论交流；而策划案的完善环节，也是基于试讲中发现部分小组书写出现的一些不足，比如，时间的分配标识出×年×月×日×时。没想到，班级孩子大多做了PPT，这也就出现了课堂4分钟的完善交流时间，这也是教学的小遗憾。

专题五

感恩篇：谁言寸草心，报得三春晖

一、辞官返乡　尽心侍母——黄德溥

黄德溥（生卒年月不详），字朴斋，连州保安黄村人。他自幼勤奋读书，幼年时父亲病故，母亲含辛茹苦抚养他，教育他做人要恪守诚信、尊老爱幼，做官要清正廉洁。由于他思维敏捷，才华出众，又有母亲的谆谆教诲，成人后他的品德高尚，乡亲们都认为他有干大事的魄力和才能。

（一）募兵筹饷　守城立功

清咸丰甲寅己未年间（1854—1859年），连州盗贼蜂起，连城扰攘，百姓殆无宁日。黄德溥奉刺史张崇恪令，在常平学社举办总团练，募兵筹饷，竭尽全力日夜守护连州城。他身先士卒登城守卫，夜以继日，践行履约，言必信、信必果，得到连州城老百姓的拥护，终使危城复安，百姓过上安定的日子。

（二）勤政爱民　获万人伞

黄德溥因为训练团练守城立功，而被保举孝廉方正。同治甲子年（1864年）他晋京朝考，取录一等第四名，分发江西升知县。

黄德溥处理政务公开、公平、公正、诚信，作风干练，做到克明克断，因而被称为能员。他任职时的许多轶事，至今仍有不少在当地民间流传。因其有魄力、有智慧，特别是他践行履约，言必信、信必果的品格，随即被朝廷委署赣县、贵溪、安远、建昌四县任知县。在四地任职，他都顺民意、办民事、解民困、定良策、守诚信，均循声卓著，民感其德。

由于他为官清正，更有恪守诚信的高贵品质，当地老百姓都过着安居乐业的日子，他离任时，有送万人衣、万人伞者。

（三）辞官返乡　侍奉母亲

朝廷闻知黄德溥政声卓绝，拟将其重用，但由于黄德溥的母亲年老体弱，思乡心切，终成疾病，黄德溥看在眼里，痛在心里，最终以照顾和终养母亲为由，辞官返乡。百姓屡次挽留，但黄德溥辞意坚决，朝廷鉴其诚心，特允之。

黄德溥返连州后，侍奉母亲不离朝夕，一心一意，特别孝顺，直至母亲去世。母殁后祭葬如礼，守孝三年，他的孝心让后人感动，受到乡亲们的赞扬。

黄德溥生平好行善事，将毕生积蓄捐建书院，用于培育后贤。当时连州城建燕喜书院，他捐银千元，另粮田四十亩；建星江、西溪两书院，则捐银五百元，其慷慨如此。

黄德溥76岁在家乡去世，至今，人们还铭记他践行履约，言必信、信必果的行为。特别是他辞官侍母的善举体现了中华民族"百善孝为先"的优良传统美德，受到后人的传颂。

德文化感悟

百善孝为先，孝是我们中华民族的传统美德。我们从呱呱坠地的婴儿，到天真烂漫的少年，我们一天天长大，是父母赋予了我们生命，给予了我们无私而伟大的爱！作为青少年学生要孝敬双亲长辈，关爱家人，要用行动表达孝敬之心。

德文化互动

拓展空间：

结合道德与法治七年级上册第七课第一框《家的意味》内容，以及中国家庭文化中"孝"，理解"孝"的精神内涵。

（1）收集我国传统文化中广为流传的有关"孝"的内容。

（2）分析哪些内容应该继承并发扬光大，成为新时期好的家风。

教学设计

基本信息			
学段	初中	展示单元	七年级上册第三单元
单元教学设计			
单元名称	师长情谊		

一、单元教学设计说明

　　本单元是基于初中学生自我意识增强、思维能力发展的特点，着力处理青春期的独立性与依赖性的矛盾，帮助学生深入认识和理解他们的老师和父母。

　　第六课基于尊师重教的传统美德和当代教师职业的新特点，引导学生从多层面、多角度认识教师这一职业群体，从而更好地理解身边的教师，学会接纳、尊重不同风格的教师，在此基础上培养学生与教师积极沟通的意识和能力，帮助他们学会恰当处理师生之间可能出现的矛盾与冲突，增进师生之间的情谊。同时，本课需要帮助学生从双向互动的角度认识师生关系：师生之间是平等的，应该彼此尊重，携手共进；在接受老师的关心和帮助的同时，学会主动关心、帮助老师，与老师建立一种合作的关系，共度教育好时光。

　　第七课从家的意味切入，引导学生联系已有的生活经验认识家是什么；通过对"家"及"家"有关的优秀的传统文化进行探讨与分享，认识中国人的"家"是怎样的；由浅入深，由初识"家的意味"到更深入探讨"爱在家人间"，紧紧围绕亲情、碰撞、沟通，直面"家"最核心的内容——"爱"，父母对子女的爱，子女对父母的爱，从而将"爱"推向深入；引导学生认识现代家庭的特点，培养学生在亲子之间积极沟通的意识和能力，学会表达爱，使"让家更美好"成为一种发自内心的呼唤，与父母共创美好家庭。

二、单元目标与重点难点

　　1. 单元目标

　　（1）构建和谐的师生关系，落实立德树人的理念。

　　（2）树立并增强爱家、爱父母和共建共享家庭美德的意识。

　　（3）能够正确对待老师的表扬与批评，学会与老师交往。

　　（4）掌握与父母沟通的技巧，增强孝亲敬长的行动力。

续表

2. 单元重点

（1）认识老师、理解老师，正确与老师交往。

（2）理解家的内涵，体味亲情、孝亲敬长。

（3）学会与父母正确交往。

（4）和谐家庭我出力。

3. 单元难点

（1）接纳和尊重不同风格的老师，理解教学相长。

（2）正确对待老师的表扬和批评。

（3）做家庭的"小小黏合剂"。

（4）理解家的内涵，感受家庭的温暖。

三、单元整体教学思路

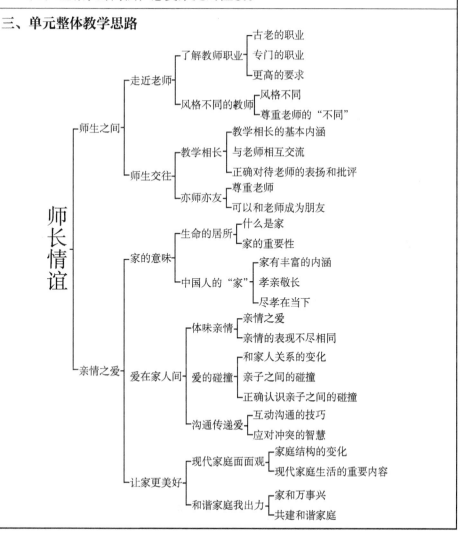

	课时教学设计
课题	家的意味

一、教学内容分析

　　《家的意味》是道德与法治七年级上册第三单元第七课第一框的内容，第一目"生命的居所"主要介绍家的含义、功能与意义；第二目"中国人的'家'"阐释了中国家庭的独特文化内涵，引导学生孝亲敬长。本框内容的学习具有承上启下的作用，在本单元的第六课中，学生已学习了与老师的交往，在学生不断拓展的社会生活中，家庭是他们最熟悉的生活区域，是他们人际交往的重要内容，而宝贵的生命来自父母，这也为第四单元《生命的思考》的学习打下了基础。本课主要引导学生正确认识家庭的含义及家庭关系的确立，认识并了解中国人的"家"，帮助学生明白尽孝在当下。本课在全书中占据重要位置，只有对家有深刻理解，才能更好地体味亲情，传递家人之爱，构建和谐家庭。

二、学情分析

　　七年级的学生认知能力和理解能力尚未成熟，责任感不强，对于在家庭中自己应该承担的责任认识不足，对于家国情怀没有明确的认知，要他们很好地理解中国家庭文化，学会孝敬父母有一定的困难。而本框涉及的家庭知识与学生生活息息相关，学生学习兴趣应较为浓厚。七年级学生正处在世界观、人生观、价值观形成的关键时期，因此，需要通过本节课引导他们学习、理解中国家庭文化，传承良好家风，培育家国情怀。

三、目标确定

　　【核心素养目标】

　　政治认同：通过理解"家"的内涵与功能，认识到"家"对我们成长的重要意义，形成对家庭的深厚情感，培养家国情怀。

　　道德修养：认同中华文化中"孝"的价值观念，感念父母养育之恩。

　　法治观念：知道孝亲敬长是中华民族的传统美德，也是法律规定的义务。

　　健全人格：体会家人对自己的付出，感受家是身心的寄居之所，是心灵的港湾。

　　责任意识：提升对家庭的责任感，自觉分担家庭责任，增强孝亲敬长的行动力。

　　【知识素养目标】

　　1. 知道家是代代传承、血脉相连的生活共同体。

　　2. 理解家庭的重要性，践行孝亲敬长的做法。

四、学习重点难点
重点：家的意义；孝亲敬长的原因、要求。 难点：践行孝亲敬长的做法，形成对家庭的深厚情感，培养家国情怀。

五、学习活动设计

环节一：德文化展示，以案寻题	
教师活动：播放歌颂连州人黄德溥辞官返乡尽心侍母美好品德的视频。	**学生活动**：学生观看视频，指出这则视频与本节课内容有关的地方。
设计意图：激发学生学习兴趣，落实核心素养。通过问题设置，引出本节课的总议题——家，意味着什么？	

环节二：初探内涵——议题一：寄居之所，心灵之港	
教师活动：展示本地特色文化材料——黄德溥的故事 黄德溥，字朴斋，连州保安黄村人。他自幼勤奋读书，幼年时父亲病故，母亲含辛茹苦抚养他，教育他做人要恪守诚信、尊老爱幼，做官要清正廉洁。由于他思维敏捷，才华出众，又有母亲的谆谆教诲，成人后他的品德高尚，乡亲们都认为他有干大事的魄力和才能。 ………… 朝廷闻知黄德溥政声卓绝，拟将其重用，但由于黄德溥的母亲年老体弱，思乡心切，终成疾病。黄德溥看在眼里，痛在心里，最终以照顾和终养母亲为由，辞官返乡。百姓屡次挽留，但黄德溥辞意坚决，朝廷鉴其诚心，特允之。黄德溥返连州后，侍奉母亲不离朝夕，一心一意，特别孝顺，直至母亲去世。母殁后祭葬如礼，守孝三年，他的孝心让后人感动，受到乡亲们的赞扬。 黄德溥生平好行善事，将毕生积蓄捐建书院，用于培育后贤。当时连州城建燕	**学生活动**：学生分组讨论，4~6人一组，每组确定1个发言人，1个记录人；学生按相关要求进行讨论、发言。

续表

喜书院，他捐银千元，另粮田四十亩；建星江、西溪两书院，则捐银五百元，其慷慨如此。 　　黄德溥76岁在家乡去世，至今，人们还铭记他践行履约，言必信、信必果的行为。特别是他辞官侍母的善举体现了中华民族"百善孝为先"的优良传统美德，受到后人的传颂。 　　设问一：为什么黄德溥甘愿放弃官职，返乡侍母呢？ 　　设问二：如果你是黄德溥，你会怎么做？请说明理由。 　　设问三：从黄德溥的事例中你能感受到他怎样的情感与品质？ 　　组织学生分组讨论。	

设计意图：通过小组合作探究，选取代表阐述观点的形式，培养学生的合作探究能力、分析概括能力以及问题求解能力，融学科知识于真实情境中，在师生、生生互助质疑中探究教学重点内容。

<table>
<tr><td colspan="2" align="center">环节三：再探意义——议题二：孝亲敬长，家国情怀</td></tr>
<tr>
<td>教师活动：
PPT播放高秉涵的故事
①他是感动中国年度人物——高秉涵。
　　他的颁奖词上这样写道：海峡浅浅，明月弯弯。一封家书，一张船票，一生的想念。相隔倍觉离乱苦，近乡更知故土甜……
　　②他是山东菏泽人。1947年，由于战乱，父亲死了。年仅13岁的高秉涵跟随人流逃亡到台湾。从此以后，海峡两岸，他在这头，母亲在那头……
　　③几经周折，他成了一名法官。他审的第一个案子就是金门逃兵案，一个士</td>
<td>学生活动：
　　1. 学生认真阅读高秉涵的故事，思考回答问题，感悟中国人的"家"。思考完毕后上台说说自己的看法。
　　2. 阅读课文思考并回答家的意义。</td>
</tr>
</table>

续表

兵冒险抱一只轮胎穿越金门海峡想游回厦门的家，将十年前给生病母亲买的药送回去，但没能成功，被判处死刑。一个想要回家孝敬母亲的人怎么会有死罪？身为法官的高秉涵内心受到极大触动。

④两岸开放后，他做的第一件事就是回到厦门希望能找到逃兵的母亲，告诉她全部的事实，然而，那位母亲早已不在。

⑤1991年，高秉涵终于回到了日思夜想的家，只不过家却化为一方矮矮的坟墓。

他在外头，母亲在里头……

⑥1995年，高秉涵成立了菏泽旅台同乡会，并担任会长，负责对同乡的老兵进行关照。1998年，一个国民党老兵临终前找到他，希望他在自己死后能帮忙把骨灰送到山东老家。

⑦20多年间，高秉涵义务运送了共200多名台湾老兵的骨灰，帮助他们完成遗愿，让他们安心回"家"。

设问一：对于台湾老兵而言，他们的家在哪里？

设问二：台湾老兵为什么要回家？

设问三：亲人已逝，为什么还要回家？

点拨、小结：因此，对老兵们而言，家是对父母亲人的感情，家更是对家乡的依恋，对国家的忠诚，家、乡、国就是中国人代代传承、血脉相连的生活共同体，对亲人的感情，对家乡的依恋，对国家的忠诚就是家国情怀。

即使冒着生命危险也要给母亲送药，遗憾不能在父母身边尽孝，这是中国

续表

"家"文化中孝亲敬长的体现，所以，中国人的家所要传承的不仅仅是家国情怀，更是"家"文化。	

设计意图：通过讲述高秉涵及台湾老兵的故事，在层层递进的设问中，学生更深切地体会老兵对于家人、家乡、国家的情怀，感受到中国人的"家"是中国人代代传承、血脉相连的生活共同体。通过士兵冒死给母亲送药的故事，学生明白中国人的家庭文化就在我们生活中，并代代传承。在情境中开展学习活动，激发学生的学习兴趣，调动学生思考问题的积极性，活跃课堂气氛；引导学生理解掌握家的意义。

环节四：后探做法——议题三：尽孝在当下

教师活动：出示"亲情计算题"	**学生活动**：计算自己与父母能真正相处的时间，感悟尽孝在当下。思考孝亲敬长的具体做法。
请你算一算：假设你和父母分隔两地，每年你能回去____次，一次___天。除掉见朋友、睡觉……你有多少时间真正和父母在一起？	
设问：尽孝在当下，我们可以做些什么呢？	
点拨、小结：尽孝不是长大成人才能做的事情，从今天开始，我们就可以用行动表达对父母的爱，不要让等待成为遗憾。	

设计意图：引起学生共鸣，让他们感悟尽孝在当下，帮助学生明确孝亲敬长的具体做法，落实到日常生活中，传承中国人的家庭文化。

环节五：我的收获，情感升华

教师活动：本节课同学们学到了什么？明白了什么道理？请大家谈谈自己的收获。	**学生活动**：学生谈收获，并共同歌唱《家》这首歌。

设计意图：引导学生梳理相关知识，巩固所学新知；通过最后环节的歌唱，达到情感升华的目的；同时也使教师获得教学信息的反馈，便于教师及时反思教学，改进教学方法。

续表

六、板书设计

家的意味

身心的居所　尽孝在当下　生活共同体

七、作业与拓展学习设计

★基础训练★

1. 有人说，"父母的爱是赞扬的爱，像一杯热牛奶在寒冷的时候让你感到温暖；父母的爱是唠叨的爱，在你迷茫的时候提醒你，关怀你……" 这句话告诉我们（　　）

A. 家是我们情感的栖息地，是心灵的港湾

B. 家是我们物质生活的后盾

C. 只有父母的教育才能助我们健康成长

D. 父母对子女的教育抚养是道德和法律的要求

2. 习近平说："广大家庭都要弘扬优良家风，以千千万万家庭的好家风支撑起全社会的好风气。"下列名言警句、谚语能体现良好家风中勤俭节约品质的是（　　）

A. 孝悌也者，其为仁之本欤

B. 人而无礼，焉以为德

C. 一粥一饭，当思来之不易

D. 人而无信，不知其可也

3.《论语·学而》中说：孝悌也者，其为仁之本欤！孝亲敬长是中华民族的传统美德，也是每个中国公民的法定义务。因此，对于父母，我们（　　）

A. 要知恩、感恩，用心去爱，用行动去表达

B. 孝敬父母长辈是长大成人以后的事，现在不用考虑

C. 在产生矛盾时，不必理睬，父母会主动沟通

D. 应该适当与父母冲突，以证明自己成长

续表

★能力提升练★（选做题）
【德文化互动】 （1）收集我国传统文化中广为流传的"孝"的内容。 （2）一封家书：同学们，请拿起笔勇敢地表达吧，把自己对父母的感谢，或者是那些想说而未曾说出口的话通过书信的方式告诉他们。 **拓展作业** 请同学们做一件力所能及的孝亲敬长的事情，拍照片并写下感悟，课后与同学分享。
八、特色学习资源分析、技术手段应用说明 因材施教，适当整合教材内容。把握教材逻辑和主要脉络，选取了连州本土德文化资源《辞官返乡，尽心侍母——黄德溥》的故事，激发学生探究兴趣，创设情境，引发动机；并选取感动中国人物的典型事例，升华课堂，落实素养，育人为本，润物无声；设难置疑，引起思辨；我的收获，梳理知识，复习巩固；注重情感体验和法治实践。
九、教学反思与改进 本课时与学生的实际生活联系得不太够，在第一环节中讲述家庭的含义与功能时，可以更多地结合学生的家庭生活实际，这样更能引起学生共鸣，帮助学生体会家的意味，唤起学生内心深处对于家的依恋。

二、愿代父死　筑城建州——邓鲁

　　邓鲁（420—486年），字约子，南朝宋桂阳人，今连州西岸韶陂人。其父邓思露，少年时随为官之父生活于湖南衡阳，长大后投军从戎，升为带兵将佐。后来，他率部出征岭南，过桂阳（今连州市）时，见下庐水口（今连州西岸韶陂）风景优美，于是举家落居于此。

（一）孝敬母亲　愿代父死

　　邓鲁自幼聪明并且悟性高，四岁时，父亲邓思露应征赴戍边疆，临行前父亲对邓鲁说："阿鲁，我应征守边疆，不知何时回家，你在家要努力读书，孝敬你母亲，长大后要报效国家。"邓鲁强忍泪水，双手作揖，向父亲道珍重，祈祷父亲此行有福星相伴。邓鲁说："我一定遵从父亲的教导，孝敬母亲。"然后行成人礼仪与父亲道别，众人都叫他"孝童"。父亲去边疆一年，邓鲁大病一场，恍惚中有人在梦中告诉他："你父亲去世了。"邓鲁苏醒，呼叫道："我愿以身代父死。"不久，他父亲果然去世，当其父遗体被运回家乡出殡时，邓鲁号啕大哭，听者为之伤心。父亲去世后，母亲承担起教育邓鲁的责任，教育他尊敬父母、尊敬师长，要诚实做人，要像父亲一样做个大英雄。邓鲁不仅发奋读书，还从不懈怠地照顾母亲，有时母亲卧病在床，他侍奉母亲常常目不交睫、衣不解带。邓鲁的"孝"闻名乡里，得到乡邻的赞扬。他说"生我者父母也"，孝敬感恩之情，溢于言表，还说长大以后也要像父亲一样报效国家，守卫边疆。

（二）筑城建州　功德无量

　　南朝宋泰始初（465—469年），时逢国家书馆失火，文峡尽焚，朝廷下诏征集各州县藏书以充国家典藏，邓鲁受派进京献送书典。宋帝以其献典有功以及他的孝廉，大加褒奖，并对其言谈举止留下好印象。不久，粤北政区发生变动，泰始六年（470年），宋帝立冈溪县，割始兴之桂阳、阳山、含洭三县，与新置的冈溪县组成宋安郡，以桂阳县治为郡治，划属湘州管辖。因无现成的太守人选可派，宋帝遂诏令不久前认识的邓鲁出任宋安郡太守。虽然宋安郡的历史很短暂（前后不到三年时间），但桂阳县民还是感到荣幸和高兴，因为有此变更，桂阳县治才首次升格做了郡治，并出了个本土籍的邓太守。但在庆幸之余，人们更为那狭小低洼的县治而沮丧，强烈要求迁建新址。

邓鲁不负众望，挑起迁建大任。他将新址选建在湟水东岸的临河高地，筑城垣，凿池濠，修里巷，经营多年，初具规模。清嘉庆《大清一统志》说："连州城，内城周为五百四十八丈，门三。刘宋元徽间筑。"清同治九年（1870年）《连州志》对于连州城建筑经过有更详细的记载："内城，宋元徽间刺史邓鲁始筑内城。宋皇祐四年侬寇乱，州牧窦彤恢旧址新之。治平中州牧林希言修，游烈记。开禧中州牧欧阳佽修，楼鐍记。洪武二十八年甃砖石。康熙十四年筑外城，是为新城，而呼内城为老城。"

清嘉庆《大清一统志》又记："连州学在治南，宋端平元年建，有五贤祠在州学内，亦宋端平中建；有光孝寺在州城内城隍庙西，刘宋时建。"凡此种种记载，证明邓鲁迁建的桂阳新城，即为尔后隋代的熙平郡治，唐以后的连州州城，一直延续到当代，当地政府机关的办公场址均未改移过。

（三）后人共祭　祀邓太守

作为连州古城的始建者，邓鲁处事果断，对地方建树甚多，颇得后人敬仰，特别是他"孝敬母亲、愿代父死"的孝心，一直受到连州人民的赞颂。邓鲁死后，南齐朝廷追赠他为司徒，葬于故里雷公岭。连州民众思其功德，立庙祀之。

2017年，邓氏思鲁家族后裔1000多人从全国各地汇集连州水口村，共同祭祀先祖邓太守。

德文化感悟

1. 在中国的家庭文化中，"孝"是重要的精神内涵。《论语·学而》中说：孝悌也者，其为仁之本欤！孝亲敬长是中华民族的传统美德，也是每个中国公民的法定义务。

2. 尽孝在当下。孝敬父母和长辈，关爱家人，不仅是长大成人以后的事，从现在开始，我们就应该用行动表达孝敬之心。

德文化互动

1. 孝文化是中国优秀传统文化的重要部分，自古就流传着百里负米、涌泉跃鲤等孝道故事。邓鲁从不懈怠地照顾母亲，同样体现了这种精神。结合你自己的生活体验，分享你对家庭功能的认识。

2. 探讨中华文化中的"家"有哪些意义。

3. 结合你的生活体验，分享你是如何尊重父母的。

教学设计

基本信息			
学段	初中	展示单元	九年级上册第三单元
单元整体设计			
单元名称		文明与家园	

一、单元教学设计说明

本单元核心素养着重考查以下方面：对于中国特色社会主义文化、中华传统美德、中华民族精神和社会主义核心价值观的价值认同度，在文化自信和价值观自信方面的认同度，对于文化发展的使命感和民族复兴的责任感，对于塑造个人文化品格的自觉性。关于"能力目标"的评价，要着重考查以下方面：收集各种典型文化材料的能力；从历史唯物主义的角度辩证地看待文化传承与发展的能力；从日常生活做起，塑造品格，做文化的传承者、弘扬者、创新者的能力；在日常复杂的社会环境中对于各种价值观给予理性、客观评价的能力。关于"知识目标"的评价，主要考查学生是否了解中华文化、中华传统美德、中华民族精神、社会主义核心价值观，是否认识到它们与民族发展之间的内在联系以及对于实现中华民族伟大复兴的重要性。

续表

二、单元目标与重点难点

1. 单元目标

【素养目标】

政治认同：增强中华文明的认同感和自豪感，坚定文化自信，形成对家乡和民族的认同。

道德修养：培育爱国、敬业、诚信、友善的社会主义核心价值观。

法治观念：初步了解有关生态的法律，自觉遵守生态文明规则，具有环保意识和一定的保护环境的能力。

责任担当：有社会责任感，勇于担当，践行社会主义核心价值观；具有现代生态文明观，践行绿色生活方式，自觉保护环境。

【情感、态度、价值观目标】

感受中华文化的魅力，热爱中华文化，传承中华传统美德，弘扬民族精神，践行社会主义核心价值观；树立人与自然和谐共生的基本理念，增强建设美丽中国、走绿色发展道路的态度认同，增强生态文明建设的使命感和责任感。

【能力目标】

提高对中华文化的认知和运用能力，并能作出符合文化自信要求的判断和选择；领悟人与自然和谐共生的真谛，能用实际行动践行绿色生活理念。

【知识目标】

了解中华文化的特点，中华传统美德的力量，中华民族精神的价值，社会主义核心价值观的内涵及其意义；了解我国人口、资源、环境的现状，理解计划生育基本国策、节约资源和保护环境的基本国策，理解人与自然和谐共生和绿色发展道路。

2. 单元重点

理解中华文化的特点，传承和践行中华传统美德，弘扬民族精神，培养和践行社会主义核心价值观；坚持走绿色发展道路，建设生态文明，共筑生命家园。

3. 单元难点

理解中华文化的价值，中华民族精神的价值；理解人与自然和谐共生的关系。

续表

三、单元整体教学思路

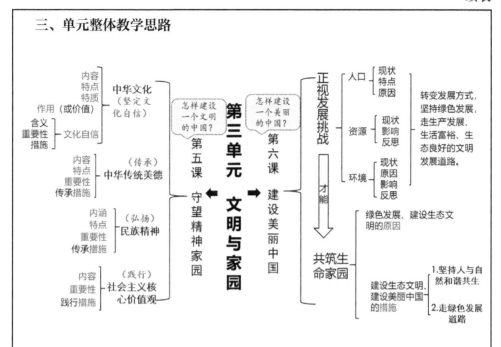

课时教学设计

课题	凝聚价值追求

一、教学内容分析

　　《凝聚价值追求》是道德与法治九年级上册第五课《守望精神家园》第二框的内容。本框主要是从民族精神的意义和价值出发，让学生理解中华民族精神的内涵与品格，进而自觉传承和弘扬民族精神，重视对社会主义核心价值观的培育和践行，增强对中国特色社会主义文化的价值认同与自信。

二、学情分析

　　初中生正处于世界观、人生观、价值观形成的关键时期，使学生弘扬民族精神，自觉培育和践行社会主义核心价值观，对学生的健康成长具有重要意义。本课包含两个核心，概念民族精神和社会主义核心价值观，对学生来说都很熟悉。符合本课内容的典型人物和事迹，学生在语文课文学习或各种活动中，都有很多的了解，因此理解上难度不大；重点在于帮助学生挖掘这些典型人物身上的共性，由感性认知上升为理性认知，从而更好地进行情感、态度、价值观的教育。

续表

三、教学目标
1. 政治认同：提高中华文化认同感、归属感、民族自豪感，传承和弘扬民族精神，热爱祖国、热爱中国共产党。 2. 道德修养：认识民族精神是凝聚各族人民的巨大精神力量；感受社会主义核心价值观凝结着全体人民共同的价值追求，达成价值认同与共识。 3. 法治观念：树立正确人生观、价值观，用社会主义核心价值观作为自己的行为准则。 4. 责任意识：传承和弘扬伟大民族精神，自觉培育和践行社会主义核心价值观。

四、学习重点难点
教学重点：如何弘扬中华民族精神。 教学难点：如何践行社会主义核心价值观。

五、学习活动设计

教学环节	教师活动	学生活动	设计意图
导入	**情境展示**：5年前，平昌冬奥会，有一个运动员哭着笑自己，没有人比我摔得更惨了。那一次，人们都认为她失去了离金牌最近的机会。在2016年第十三届全国冬运会上，她左腿韧带断裂，切除了将近70%的左膝外侧半月板。在平昌冬奥会后，她再次手术，左膝内侧60%的半月板被切除。切除如此多的半月板后，膝盖没有了缓冲带，基本上是两根骨头在摩擦，当从高台上跳跃落地时，无法想象会给腿部带来多大的冲击和伤害。	学生观看阅读材料，思考问题。	引入新课，激发学生的学习兴趣。

	教师提问：你们觉得她现在的状况还能继续训练，参加奥运会吗？ **教师补充**：但是四年后，北京冬奥会，她又回来了。她就是自由式滑雪女子空中技巧冠军徐梦桃。面对伤病挑战，徐梦桃负重前行，没有放弃。 从徐梦桃身上，你看到什么样的精神？ **过渡**：老师想到一句话，天行健，君子以自强不息。徐梦桃力求进步、刚毅坚卓、奋发图强，这正是我们民族精神的体现。那民族精神是什么呢？让我们一起来学习第一部分：高扬民族精神。		
活动一：活学活用——知识连线	展示学习资料，请同学将左侧中的名言，与右边的人物典故所表达的民族精神具体内容，用线连起来。	学生结合材料，共同探讨民族精神的内涵。	快问快答让学生快速进入状态，结合丰富的材料，从不同角度让学生理解民族精神深刻而丰富的内涵。
活动二：思想争锋	引导学生合作探究问题： 经过百年岁月的打磨，中华民族精神有没有变化呢？请同学们观看以下视频进行思考。你觉得民族精神变了吗？请论证你的观点。	认真阅读材料，小组讨论并派代表回答问题。	情景教学是初中道法课的常用手段，通过情境的设置，学生的参与，培养学生的思辨能力、探究能力和语言表达能力。

续表

活动三：课堂小辩论	进入新时代，民族精神是否过时？我们是否仍需要民族精神？为什么？ 　　**教师总结：**即使身处和平年代，我们的民族依然接受着很多的考验，比如疫情。如果我们没有民族精神，没有中国共产党的领导，没有全国人民万众一心、同舟共济的守望相助精神，那么我们就不可能取得现阶段的胜利。 　　时至今日，我们仍需要民族精神，因为中国人民在长期奋斗中培育、继承、发展起来的伟大民族精神始终是中华民族生生不息、发展壮大的强大精神支柱，是维系我国各族人民世世代代团结奋斗的牢固精神纽带，是激励中华儿女为实现中国梦而奋斗的不竭精神动力。 　　**过渡：**人无精神则不立，国无精神则不强，唯有精神上站得住，站得稳，一个民族才能在历史洪流中屹立不倒，挺立潮头。 　　我们应该如何传承我们的民族精神呢？让我们一起走进扶贫干部杨宁的故事，思考在日常生活中应如何传承民族精神。	观看材料，结合社会和自己的实际情况，并融入课本的相关知识，各抒己见，谈谈我们作为青少年应该如何传承民族精神。	让学生结合自身实际与回归课本的角度谈一谈对民族精神传承的做法，有的放矢地引导学生回答问题，获得知识。

续表

| 活动四：榜样的力量 | **教师展示本地特色文化材料：**

　　在中国的家庭文化中，"孝"是重要的精神内涵。《论语·学而》中说：孝悌也者，其为仁之本欤！孝亲敬长是中华民族的传统美德，也是每个中国公民的法定义务。

　　作为连州古城的始建者，邓鲁处事果断，对地方建树甚多，颇得后人敬仰，特别是他"孝敬母亲、愿代父死"的孝心，一直受到连州人民的赞颂。邓鲁死后，南齐朝廷追赠他为司徒，葬于故里雷公岭。连州民众思其功德，立庙祀之。

　　2017年邓氏思鲁家族后裔1000多人从全国各地汇集连州水口村，共同祭祀先祖邓太守。

　　1.孝文化是中国优秀传统文化的重要部分，自古就流传着百里负米、涌泉跃鲤等孝道故事。邓鲁从不懈怠地照顾母亲，同样体现了这种精神。结合你自己的生活体验，分享你对家庭功能的认识。

　　2.探讨中华文化中的"家"有哪些意义。

　　3.结合你的生活体验，分享你是如何尊重父母的。它跟民族精神的传承有什么关系？ | 小组讨论，派代表发言，分别评析观点。 | 运用评析，培养学生的思辨能力，为中考评析题打好基础，进一步提升学生的思想道德素养。 |

续表

课堂小结	展示思维导图，进行小结。中国精神是民族精神和时代精神的集中体现，社会主义核心价值观是当代中国精神的集中体现。		

六、板书设计

七、作业与拓展学习设计

★基础训练★

1. 中国是人口众多的国家，自强不息的价值观念深深融入并深刻影响着中国人的精神世界和日常行为。"人多力量大""人心齐，泰山移""众人拾柴火焰高""天时不如地利，地利不如人和"等耳熟能详的格言主要展现中华民族的（   ）

①伟大的创造精神　　　　　　②伟大的奋斗精神
③伟大的梦想精神　　　　　　④伟大的团结精神

A. ①③　　　　B. ①④　　　　C. ②③　　　　D. ②④

2. 下列诗句与社会主义核心价值观的内容对应正确的是（   ）

A. 纸上得来终觉浅，绝知此事要躬行——民主
B. 桃花潭水深千尺，不及汪伦送我情——爱国
C. 春蚕到死丝方尽，蜡炬成灰泪始干——敬业
D. 苟利国家生死以，岂因祸福避趋之——富强

3. 精神的力量是无穷的。中国人民在长期奋斗中培育、继承、发展起来的伟大民族精神始终是（   ）

①坚持和发展中国特色社会主义的决定性力量
②中华民族生生不息、发展壮大的强大精神支柱
③激励中华儿女为实现中国梦而奋斗的不竭精神动力
④维系我国各族人民世世代代团结奋斗的牢固精神纽带

A. ①②③　　　　B. ①②④　　　　C. ①③④　　　　D. ②③④

续表

★能力提升练★

2023年3月4日《感动中国2022年度人物颁奖盛典》在中央电视台综合频道、央视新闻客户端等平台播出。对此，九年级某班开展了以"见贤思齐，见善则迁"的主题教育活动，请你参与。

【榜样语录】班主任选取了下面三位"感动中国2022年度人物"的话语制作了榜样语录，带领同学们一起学习探究。

语录一：我也没什么特别的才能，主要就是认真地完成了组织上交给我的任务。我这一生没有碌碌无为，没有虚度年华，我一生，活得有价值，为国家、为我们的人民安全，贡献出了自己的心血。 ——钱七虎	语录二：为了种好粮，俺能不要命。就是要让中国人的饭碗，牢牢端在自己手中。就是要让种粮农民有钱挣，得实惠，日子越过越好。 ——徐淙祥	语录三：第一次看到第一朵香菇长出来的时候，我都兴奋得不得了，我就觉得真是像发现新大陆那样，非常兴奋。30年前我给自己定的使命就是：发展菌草业，造福全人类。 ——林占嬉

（1）从上述人物的话语中，你分别感受到了哪些精神力量？

（2）作为成长的中学生应如何向先进人物学习？

拓展作业

近年来，社会主义核心价值观通过板报、壁画、墙绘、插牌等多种载体，利用屏风、立牌、宣传栏、书画楹联、景观宣传画等形式，进行中华传统文化阐释，融入人们的日常生活当中。这种润物无声的传播方式，让核心价值观抬头可见、驻足可观，为广大群众展示出了一道道独具魅力的文明风景线，引领着人民对美好生活的精神追求。

请你为学校宣传栏设计一期内容有关弘扬社会主义核心价值观的代表人物。

要求：选取本校相关人物并写出他们的感人事迹。

续表

八、特色学习资源分析、技术手段应用说明 　　1. 素材的选取有讲究 　　整个教学环节，侧重立足连州本土"德"文化资源，从"愿代父死，筑城建州"邓鲁的事迹，深挖素材，一材多用、一用到底、一线贯通，将知识与情感体验回归到真实生活中，让学生感悟孝文化的精髓；用徐梦桃的故事启发学生，产生共鸣，让学生从身边的故事去感悟民族精神。 　　2. 技术运用创新 　　运用多媒体的视频功能和"希沃白板"的放大镜、拍照上传等功能，有效辅助教学，激发学生的学习兴趣。
九、教学反思与改进 　　本节课内容理论性较强，爱国主义又是一个很重要的课题，如果只由教师讲解会显得很枯燥，因此，我坚持理论联系实际原则，充分利用多种教学方法，联系当前时政热点，联系学生的生活和学习实际，从问题出发，以学生活动为主体，以课堂内容为主线，以教师为主导，引导学生进行思考、讨论，最后得出基本的结论，达到理解和应用的目的。

三、带母求学　回馈乡里——魏彩连

2013年3月10日，连州虽然春寒料峭，慧光路旁的树木已开始绽出了新芽。傍晚6点多，吃过晚饭、收拾碗筷后，18岁的魏彩连帮母亲洗脸、洗脚，然后小心翼翼地将母亲从轮椅上背起，轻轻地放到床上盖好被子。从出租房出来后，魏彩连一路小跑15分钟赶到连州中学上高三晚自修。这些"固定"动作，魏彩连已经重复了多年。

魏彩连带母上学

13年前，魏彩连的父亲因病去世，留下时年7岁的姐姐魏桂芳和5岁多的她，以及因罹患小儿麻痹症导致从小就生活无法自理的母亲何裙聪。生活在这么一个清贫而有病患的家，这对坚强的连州姐妹花在社会各界关心下，多年来一边照顾母亲，一边艰难求学。

面对即将到来的高考，魏彩连既喜又愁。"如能考上大学，离家就更远了，我想带着妈妈去读大学。"她说，但目前全家人每月只有450元的低保以及一些好心人的资助，去读大学肯定是不够的，如果实在不行，她就去打工赚钱养妈妈。姐姐魏桂芳也说，如果妹妹考取了比她更好的大学，她就计划停学去打工赚钱，照顾母亲并供妹妹读书。

（一）父亲去世　撑起小家

魏彩连姐妹的老家位于连州市保安镇岭咀村。这是一个地理位置偏僻、经济较为贫困的村子，从连州市区驱车出发，大约要1小时方能到达。而魏家的房子，在村子里几乎是最破旧的。

1993年3月，魏彩连的父亲在这所破房里迎娶了魏母何裙聪。来自星子镇的何裙聪，同样出身贫寒，而且由于从小罹患小儿麻痹症，不仅不能下地劳动，连生活自理能力都不具备。生活虽然艰难，但一开始还算其乐融融，特别是1994年春天和1995年秋天，魏桂芳、魏彩连两姐妹先后出生，给这个贫困的家庭带来了许多乐趣。然而，就在魏桂芳2000年入读小学，全家人开始看到希望的时候，突如其来的病魔袭击了这个贫寒之家——家里的顶梁柱魏父突然病倒了。"那时候家里太穷，根本没钱去医院看病，所以连他得的是什么病都不知道。最后的那些天，他全身都肿胀起来……"回忆起这段往事时，何裙聪至今仍然难掩悲痛。

2001年，贫病交加的魏父去世了，留下的是一个一贫如洗的家。"她们的父亲去世后，我们既没钱，也没有办法，连他的骨灰都没有去领。"何裙聪哽咽地说。至今每逢清明及魏父的忌日，全家人都只能默默地在家里烧烧香，亡魂无处祭拜。几乎在同一个月，魏彩连姐妹的大伯也去世了。大伯一生未婚，爷爷奶奶也早已逝去，因此，在岭咀村，魏家母女几乎没有依靠。而何裙聪的娘家，由于家境并不富裕，无力帮助母女三人。"她们两个那时候一个7岁，一个5岁多，自己都照顾不了，真的太困难了！"何裙聪说。

小小姐妹花撑起一个家，不仅要煮饭、洗碗、洗衣服，更要上山砍柴、下地种菜。一次，何裙聪生病了，两个小女孩背不动，只好三步一停地将母亲抬去村里卫生站看病。一人有难，八方支援。在姐妹俩的父亲去世后，村民、政府部门以及社会上的热心人士纷纷伸出援手，或送衣物、赠粮油、捐现金。岭咀村党支部原书记赖秀其补充说，社会的捐助燃起了她们生活的希望，但最关键的生活起居这些都只能靠她们自己，别人帮不到。

穷人的孩子早当家。7岁和5岁，正是在父母膝下承欢的年纪，但看着连端饭碗都异常吃力的母亲，魏桂芳、魏彩连两姐妹无法像其他的同龄人那样撒娇，这两个懂事的孩子，用稚嫩的手，负起了照顾母亲和维持生活的重担。据魏家在岭咀村的邻居透露，自从魏父去世后，两个年幼的女孩不仅要做煮饭、洗碗、洗衣服等家务活，要照顾母亲的生活起居，而且还要干上山砍柴、下地种菜等粗重的农活。

曾经摆在两个孩子面前最大的难题，是母亲何裙聪起床、睡觉等需要挪动身体的力气活。年幼的魏彩连姐妹那时还无法独自翻动母亲，两人就得合力抬着母亲完成这些动作。"有一次，何裙聪生病了，两个小孩背又背不动，只好一路上三步一停将母亲抬去村里的卫生站看病，非常可怜。"赖秀其说。父亲去世不久，魏彩连姐妹俩在村里、政府部门和社会热心人士的帮助下，开始了求学之路。"那时候从家里到学校走路要30多分钟，妈妈煮不了饭，所以中午和下午一放学，我们都不会像其他同学一样在外面玩，而是立马跑回家，煮饭给妈妈吃。"魏彩连说。就这样，在父亲病逝后，从需要合力才能抬动母亲到独自背得动母亲，从只能勉强做好家务活到做得头头是道，两个小女孩用自己稚嫩的肩膀和双手，为动弹都乏力的母亲撑起了一片天。

（二）带着病母　辗转求学

2007年，姐姐魏桂芳升了初中，要到保安镇镇区读书，而镇区离村里车程都需要20分钟左右，走路耗时就更长了，所以只能寄宿在学校。魏彩连还在读六年级，幸而经过几年时间的磨炼，已经勉强可以独自照顾好母亲了。

然而，2008年时魏彩连也升了初中，需要到镇区读书，两人都无法再返回家里照顾母亲的生活起居。母亲怎么办？这个问题第一次摆在了姐妹俩面前。不能不上学，也不能不照顾母亲。和母亲商量后，魏彩连姐妹俩决定带着母亲一起去上学。"我们做出这个决定后，又得到了村书记和学校老师的帮助，顺利在镇上租到了一间房。然后，我们雇了一辆三轮摩托车，背着妈妈上了摩托车，第一次全家人离开村里的家，搬到了村外面的镇上居住。"魏桂芳至今仍清晰记得当时的情景。

在保安镇区，母女三人的故事感动了很多人。租房子给魏家母女的房东听说了她们家的情况后，还特意把一块菜地免费给了魏彩连姐妹俩种菜，以减少买菜开支。"那时候，我们姐妹俩也是像在家里一样，下课后基本不会在学校或者其他的地方玩，而是直接跑回家，妹妹一般在家里做饭和照顾妈妈，我就去地里种菜之类，剩下来的时间也主要用来看书。"魏桂芳说。

2011年时，魏彩连考入连州中学，而魏桂芳于2010年时就已考入该校。连州中学是国家级示范性高级中学，位于连州市区，距离保安镇镇区以及岭咀村都有数十公里之遥。母亲怎么办的问题第二次摆在了魏彩连姐妹的面前。"继续带着妈妈去上学吧！"最后，姐妹俩做出了相同的决定。母女三人像第一次搬离岭咀村一样，带了些必需的家具就搬到了连州。在政府相关单位的帮助下，母女三人租到了一套一室一厅的廉租房。在连州，姐妹俩如同以往，一边勤奋读书，一边照顾母亲。直到2013年，魏桂芳考上了东莞理工学院，南下东莞求学。远在东莞的魏桂芳每周都会打一次电话给母亲，除了嘘寒问暖之外，告诉母亲的基本都是在学校做兼职赚了多少钱之类的宽心话。

魏彩连带着母亲，与在连州租房住的外婆、表弟住在一起。她每天都要在学校和家之间来回三趟，花在路上的时间差不多一个半小时。正读高三的魏彩连，一头系在卧躺床上的母亲身上，一头系于繁重的高考学习中，生活异常艰苦，却又无比充实。她说："有母亲才有家，就算再苦再累，我都会照顾好妈妈。"

（三）传递孝心　扬正能量

两个年仅7岁和5岁多的小女孩，在同龄人还在父母膝下承欢的年龄，就用稚嫩的肩膀和双手，挑起了养家和照顾残疾母亲的重任，一直坚持至今。这期间有着常人难以想象的艰难，在被她们感动的同时，也在思索到底是什么样的力量，能支持两个小女孩做到许多成人都难以做到的事。回顾她们的一言一行、一举一动，以及生活中的诸多细节时，不难发现，支撑她们的正是孝心的力量，亦是社会主义核心价值观的体现。2014年5月9日，魏彩连被省妇联授予"广东十大孝女"称号，10月再次被省文明办授予"广东好人"称号。

（四）报效乡亲　积极抗疫

2017年6月，在韶关学院顺利毕业，回到家乡连州市保安镇卫生院工作，成为一名乡村医生。她每天第一个上班，最后一个下班，尽量挤出更多的时间为乡亲们服务，同事们都看到她有使不完的劲，她甚至还经常下到各个乡村进行义诊，用自己所学的知识去帮助曾经帮过自己的父老乡亲。2018年1月17日连州市授予魏彩连2017年连州十大新闻人物最佳感恩奖。

在保安卫生院工作中的魏彩连

在2020年抗击疫情中，她积极参与疫情防控工作，深入各村各户全面覆盖宣传，有效增强了群众防疫意识，帮助群众做好防护措施，对疫区返回人员做好隔离心理疏导工作，同时科普官方信息杜绝造谣传谣，消除群众恐慌，有效发动群众参与防控，形成群防群控合力。

纵观连州姐妹花的多年带病母就学之路，可以说她们诠释了中华民族尊奉的孝道美德，用实际行动践行了社会主义核心价值观。这股力量如春风化雨润物细无声，传递着文明，温暖着社会，激发了正能量。

德文化感悟

1. 因为家境贫寒、父亲过世，母亲生活不能自理，13岁时，魏彩连便不得不和姐姐带着妈妈一起外出求学，其中艰苦可想而知。在社会各界好心人的帮助下，魏彩连顺利完成了学业，并有了谋生的能力。此时，她想得更多的是，带着所学的知识和技能回到家乡，尽自己所能帮助家乡的父老乡亲。这是爱心传递的最美果实，也是"感恩"美德的最佳呈现。

2. 家是我们心灵的港湾。家不只是一所房子、某个地域，家里有亲人，家中有亲情。亲情，激励我们奋斗拼搏，让我们的心灵有所依靠。姐妹俩为了照顾母亲，她们一边求学，一边带着母亲，从小学到初中，从初中到高中，一路上不离不弃，无怨无悔，就是让这个家在她们的心灵有所依靠。

德文化互动

1. 在家庭中，你爱所有的亲人吗？为什么？

2. 你是因为他们特别爱你，你才爱他们的吗？

3. 请你翻一翻自己和家人的相片，选择你最喜欢的几张，说说你的感受。

4. 以"爱要这样来表达"为主题，组织一次体验活动。
（1）爱要大声说出来。(有具体做法建议——说出"爸爸妈妈，我爱你!"等)
（2）爱要勇敢做出来。(有具体做法建议——给父母一个拥抱等)
（3）爱要真诚传出去。(有具体做法建议——给父母写爱心卡等)
（4）爱要＿＿＿＿出来。(有具体做法建议——＿＿＿＿＿＿＿＿＿＿＿＿)

教学设计

基本信息			
学段	初中	展示单元	九年级下册第三单元
单元整体设计			
单元名称	走向未来的少年		

一、单元教学设计说明
　　本单元主要帮助学生明确自己肩负的使命是时代赋予的，个人命运与国家命运、民族的命运紧密相连，激励他们树立远大志向，做有自信、懂自尊、能自强的中国人，成为中华民族的栋梁。基于此，为培养学生的担当精神、自强意识，树立终身学习的观念和正确的择业观，引导学生回望成长，展望未来，我对本单元教学的设计思路如下：

续表

（一）单元启蒙课，介绍本单元的概况，通读单元内容，把握本单元的核心词，通过做与本单元内容相关的选择题，完成评价。（1课时） （二）开展主题活动："勇担使命，强国有我"，通过一系列子问题探究活动，完成单元学业目标。（3课时） （三）对本单元内容进行拓展延伸与总结，形成知识体系的建构。（1课时） （四）进行单元测评与教学反思。（1课时）
二、单元目标与重点难点 **1. 单元目标** （1）增强社会责任感，学会观察、思考各种社会现象，积极参与社会实践活动，培养实践创新能力。 （2）坚定理想信念，志存高远、脚踏实地，勇敢做时代的弄潮儿，努力在实现中国梦的伟大实践中建功立业，创造自己精彩的人生。 （3）积极主动迎接升学、就业的挑战，坦然面对学习压力。在实践中学习、锤炼自己，丰富人生经历，完善自我，提升自身素质。积极参加各种社会实践，增强问题意识，培养研究能力，努力做到知行合一。 （4）在未来的工作中要处理好职业与兴趣的关系，在工作中培养兴趣，履行好工作职责，爱岗敬业。珍惜大好青春年华，从现在开始，努力学习，提高各方面素养，为精彩的明天做好准备。 **2. 单元重点** （1）怎样走向世界。 （2）如何为世界添光彩（具体做法）。 （3）青少年如何为祖国做好准备。 （4）青少年对国家有情怀与抱负的具体做法或要求。 （5）正确认识和面对学习压力。 （6）如何在实践中学习。 （7）如何做好职业准备，进行职业选择。 （8）就业方式多样化对我们的要求是什么。 （9）工作的原因及态度是怎样的。 （10）总结对初中三年收获的认识。 （11）如何做好人生选择。 （12）畅想未来的具体要求。 （13）踏上新征程的做法或具体要求。

续表

3．单元难点

（1）为世界添光彩的具体做法。

（2）理解青少年对国家有情怀与抱负的具体做法或要求。

（3）在实践中学习的原因和要求。

（4）为什么要工作。

（5）正确认识和处理职业与兴趣的关系。

（6）如何做好人生选择。

（7）畅想未来的具体要求。

三、单元整体教学思路

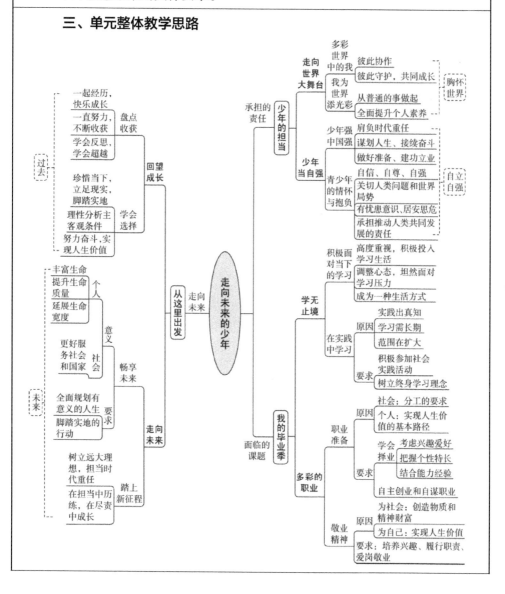

续表

课时教学设计	
课题	少年当自强

一、教学内容分析

　　本框是第五课的落脚点，在引导学生胸怀世界、心系祖国的基础上，使学生认识到个人命运与国家命运、民族未来紧密相连，青少年的责任是时代赋予的，要为建设祖国做好准备，要了解人类文明进程，要传承弘扬中华优秀传统文化，积极关切人类问题和世界局势，有忧患意识。

二、学情分析

　　1. 已有基础

　　九年级学生已有一定的知识储备、生活阅历和分析问题的能力，他们对中国在世界舞台上的地位已有一定的了解，能够认识到中国与外部世界的互动关系。

　　2. 现实问题

　　本学期是学生九年义务教育的转折点，无论是升学还是就业，都面临一次意义重大的选择。而不论怎样选择，个人的命运与国家的命运息息相关，青少年学生都应该在实现中华民族伟大复兴中国梦的征程中有所作为。然而，学生在确立个人目标时，可能会将个人梦想与国家梦想割裂开来，因此教师应积极引导学生培养应有的情怀和抱负，积极承担推动人类共同发展的责任。

三、教学目标

　　1. 通过"故事分享"，学生总结归纳出个人命运与国家命运的关系，明确当代青少年的历史责任是时代赋予的，坚定为实现中国梦而努力奋斗的信念。

　　2. 通过"情境体验"，学生懂得关心国际社会和人类发展，培养自己的国际视野，树立走向世界应有的理想抱负。

　　3. 通过"合作探究"，学生培养自己的情怀和抱负，提高个人与祖国共成长的参与能力。

四、学习重点难点

　　重点：个人的命运与国家的命运息息相关。

　　难点：培养青少年的情怀和抱负，提高与祖国共成长、与世界共发展的能力。

续表

五、学习活动设计			
教学环节	教师活动	学生活动	设计意图
导入	展示学习目标以及视频《少年中国说》	学生观看视频。	激发兴趣引入新课
【活动一】学习榜样品情怀	展示学习材料： 　　邓稼先，17岁考入了西南联合大学物理系。1948年留美，用不到三年的时间，获得了博士学位。1950年8月，历尽艰辛，启程奔向新中国的怀抱。1958年秋，告别了妻子和两个孩子，秘密主持原子弹的研制工作。1964年10月16日，成功研制了第一颗原子弹！1967年6月17日，第一颗氢弹爆炸成功。61岁时，患病回到北京。 　　在病床上，他对看他的人说："你们快去工作吧，别让那些国家把我们中国落得太远了。" 　　（1）从邓稼先的身上，你能看到哪些优秀品质？ 　　（2）这些品质对你的个人成长有什么重要意义？ 　　（3）请举一个关于青年积极承担社会责任的典型事例。	学生结合材料，说说邓稼先身上的优秀品质，回答问题。	快问快答让学生快速进入状态，结合丰富的材料，从不同角度让学生理解邓稼先身上优秀品质对我们成长的意义。

续表

【活动二】 分析探究 悟使命	**引导学生合作探究问题：** 结合教材第61页"探究与分享"，说明他们的人生道路有哪些不同，他们身上有哪些共同点。 **思考：**青少年如何选择自己的未来理想？	认真阅读材料，小组讨论并派代表回答问题。	情景教学是初中道法课的常用手段，通过不同的历史时期有不同的责任。每一代青少年都有自己的际遇和机缘，都要在自己所处的时代条件下谋划人生、创造历史。本活动旨在培养学生的思辨能力、探究能力和语言表达能力。
【活动三】 带母求学，撑起一片天 —— 魏彩连	**教师展示本地特色文化材料：** 因为家境贫寒、父亲过世，母亲生活不能自理，13岁时，魏彩连便不得不和姐姐带着妈妈一起外出求学，其中艰苦可想而知。在社会各界好心人的帮助下，魏彩连顺利完成了学业，并有了谋生的能力。此时，她想得更多的是，带着所学的知识和技能回到家乡，尽自己所能帮助家乡的父老乡亲。这是爱心传递的最美果实，也是"感恩"美德的最佳呈现。 **思考：**魏彩连身上体现了哪些优秀品质？对我们有什么启示？	观看材料，结合自身实际，并融入课本的相关知识，各抒己见，谈谈自身的启示。	让学生结合自身实际与回归课本的角度谈自身的启示，有的放矢地引导学生回答问题，获得知识。

续表

【活动四】做好准备迎接挑战	**阅读教材第64页：探究与分享**–1 　　**教师提问**：将来，如果让你和这些中国青年一样，有机会参与某国际大会并发挥作用，从现在起，你要做哪些方面的准备？ 　　**提示**：走向世界的中国青少年需要了解人类文明进程，积极关注人类问题和世界局势，掌握相应的知识，在与世界各国青年交流中提高我们的影响与改变世界的素质和能力。 　　**链接**：走向世界的青少年要做好哪些准备？	小组讨论，派代表发言，分别评析观点。	运用评析，培养学生的思辨能力，更是为中考评析题打好基础。
课堂小结	通过这节课的学习，我们知道了个人与国家的关系，青少年的责任，如何为建设祖国做好准备；也了解了中国青少年应有的情怀与抱负，知道青少年承载着国家和民族的未来命运，青少年的品格影响着国家未来发展。认清自己的责任，从现在开始做好准备，做自强少年。		

六、板书设计

第2课时　少年当自强

（一）少年强　中国强

1. 个人的命运与国家的命运息息相关。

2. 青年兴则国家兴，青年强则国家强。

3. 青少年的责任是时代赋予的，不同的历史时期有不同的责任。

4. 要为建设祖国做好准备。

（二）青少年的情怀与抱负

1. 青少年承载着国家和民族的未来命运。

2. 我们要传承弘扬中华优秀传统文化，成为中华民族的栋梁。

3. 青少年要具有怎样的情怀和抱负。

4. 我们的世界充满希望，也充满挑战。

续表

七、作业与拓展学习设计

★基础训练★

1. "只有把自己的小我融入祖国的大我、人民的大我之中，与时代同步伐、与人民共命运，才能更好地实现人生价值、升华人生境界。"这是因为（　　　）

A. 青少年的责任是时代赋予的

B. 正确认识自己，才能成为强者

C. 个人命运与国家命运息息相关

D. 善于创造机会，才能成就自己

2. 党的十九大报告指出："中华民族伟大复兴的中国梦终将在一代代青年的接力奋斗中变为现实"。一个国家的希望就寄托在青年的身上，青年人要把自己的命运和国家的命运连在一起。具体来说，当代青年要（　　　）

①树立"天下兴亡，匹夫有责"的意识

②在国家处于困难时期才奉献自己

③努力在实现中国梦的伟大实践中建功立业

④勇于肩负起实现第二个百年奋斗目标的重任

A. ②③④　　　B. ①②④　　　C. ①③④　　　D. ①②③

3. "一个时代有一个时代的问题，一代人有一代人的使命。"在新时期，我们的使命是（　　　）

①全面建成社会主义现代化强国

②实现中华民族伟大复兴的中国梦

③全国总体上基本达到小康水平

④解决温饱问题

A. ①③　　　B. ②③　　　C. ①②　　　D. ③④

4. 青少年承载着国家和民族的未来命运。青少年的品格影响着国家未来发展，我们青少年拥有情怀，将来成为中华民族的栋梁，要做到（　　　）

①传承、发扬中华民族的优秀传统文化，增强爱国情感

②弘扬民族精神和时代精神，践行社会主义核心价值观

③坚持走创新驱动发展道路

④做有自信、懂自尊、能自强的中国人

A. ①②③　　　B. ①②④　　　C. ①③④　　　D. ②③④

★能力提升练★

★【家国情怀　使命担当】

征途如画，奋斗如歌。党的二十大报告强调，在全社会弘扬奋斗精神。某校以"只有奋斗的人生才是幸福的人生"为主题开展探究性学习活动，请你参与。

★【家国情怀　奋斗起航】

信息一：从"两弹一星"到载人航天，从三峡大坝到港珠澳大桥，再到高铁、探月工程、北斗导航……中国用几十年时间走完了发达国家几百年走过的发展历程，创造了世界发展的奇迹。

信息二：为确保中国人的饭碗牢牢端在自己手中，一代代农业科学家接续奋斗，坚守在祖国广袤大地上。从"生命不息，奋'豆'不止"的大豆育种专家盖钧镒，到五十余载致力于杂交水稻育种研究的谢华安，再到玉米地里"追着太阳跑"的番兴明，他们用心血、智慧和汗水浇灌出了累累硕果。

（1）结合信息一，列举中华民族精神的两种具体体现。

（2）结合信息二，说说你从农业科学家的坚守中能悟出哪些道理。

★【使命担当　从我做起】

主题演讲：历史的长河、青春的呐喊震动寰宇、响彻云霄。无数青年在血与火的淬炼中奋起救国、兴国、强国：31岁的赵一曼、26岁的邱少云、平均年龄33岁的航天报国的嫦娥团队和神舟团队……每一代青年都有自己的际遇，都要在自己所处的时代条件下创造历史。

（3）结合探究性学习活动，请你将以下倡议书填写完整。（要求：紧扣题意，不得出现个人真实信息）

倡议书

亲爱的同学们：

奋斗从来都不是空洞的口号，而是体现在做好每一件小事、完成每一项任务、履行每一项职责中。特此向大家发出如下倡议：

①学习上，＿＿＿＿＿＿＿＿＿＿＿＿＿＿＿＿＿＿＿＿＿＿＿＿＿；

②生活中，＿＿＿＿＿＿＿＿＿＿＿＿＿＿＿＿＿＿＿＿＿＿＿＿＿。

倡议人：×××

×年×月×日

拓展作业

请同学们结合连州当地历史文化收集一些有关自强自信的人物事件并与同学分享。

续表

八、特色学习资源分析、技术手段应用说明

1. 素材的选取有讲究

本节课四个教学环节中，都选取了相匹配的教学素材，看起来较为分散的素材片段，实际上有教师的整体思考与设计。第一个教学环节中，突出的关键词是：科技人才和国之重器。第二个教学环节中，突出的关键词是：时代先锋和国之栋梁。第三个教学环节中，侧重立足连州本土"德"文化资源，从认知、感悟、践行、守护，学习魏彩连自强自立的优秀品质，深挖素材，一材多用、一用到底、一线贯通，将知识与情感体验回归到学生身边的真实生活中，用同龄伙伴的故事启发学生，产生共鸣。第四个教学环节中，用与时俱进的时事素材，生动鲜活地呈现出主要观点。

2. 技术运用创新

运用"希沃白板"的放大镜、蒙层、克隆、计时、圈画、拍照上传等功能，有效辅助教学。

九、教学反思与改进

本课内容是本单元的学习重点。通过学习，帮助学生明确自己的责任，从现在起做好准备，明确中国青少年的情怀与理想。教材向来将少年的担当与时代背景、国家发展、人类命运结合在一起，在全球化和国家发展这些宏大的背景下谈少年的担当，提升了这一主题的高度，使少年学生更清醒地认识到自己的使命，从而增强少年担当的自觉。要让学生认识到自己与世界与国家的关系，在交往中探索世界，彼此守护，共同成长，不断自我更新，逐渐为国家甚至世界承担起更多的责任。同时要知道为世界添光彩的具体做法，更全面地了解世界，更好地适应未来社会。

了解世界舞台上的中国所表现的大国担当，同时也面临着机遇与挑战。随着年龄的增长，青少年的独立意识不断增强，希望获得更多的自由空间，而忽略了自己与世界的关系、个人与国家和民族的关系，学生对自己作为世界、国家、民族一员所负有的责任使命认识不清，缺乏责任意识和全球观念。本课时充分利用课文资料，引导学生关注世界，关注自身与世界的联系，在分析材料、解决问题中增强对自己、对他人、对世界的责任感；多角度引导学生明确世界与我们紧密联系，我们要全面提高自身素质，为世界添光彩、作贡献，侧重提升学生的情感、态度和价值观。本课时教学中，以问题为导向，引导学生逐层、逐步分析，提高学生观察、思考与分析的能力，提高审读材料和解决问题的能力。在本课时的教学中，存在着学生视野较窄、教师引导不到位的不足，在今后的教学过程中，师生需要共同努力，解决存在的问题，打造更好的教学课堂。